COLLECTIONS

FÉLIX DOISTAU

Les notes signées A. B. sont transcrites sur l'exemplaire d'Alfred Beurdeley

COLLECTIONS

FÉLIX DOISTAU

DEUXIÈME VENTE

Novembre 1909

CONDITIONS DE LA VENTE

Elle sera faite au comptant.

Les acquéreurs payeront *dix pour cent* en sus des enchères

L'exposition mettant le public à même de se rendre compte de l'état et de la nature des objets, il ne sera admis aucune réclamation une fois l'adjudication prononcée.

Paris. — Imp. Georges Petit, 12, rue Godot-de-Mauroi. — 201-8-09

CATALOGUE

DES

ET DE HAUTE CURIOSITÉ

ÉMAUX CHAMPLEVÉS, IVOIRES, ANTIQUES

CLÉS, SERRURES, ARMES, USTENSILES, MÉDAILLES, PLAQUETTES

BRONZES, SCULPTURES

MEUBLES, TAPISSERIES, TAPIS

VITRINES

PAR

BREUGHEL, CLOUET, CRANACH

HOLBEIN, MOSTAERT, POURBUS, LE PRIMATICE

LE TOUT DÉPENDANT DES

ET DONT LA DEUXIÈME VENTE AURA LIEU A PARIS

HOTEL DROUOT, Salle N° 6

Les Lundi 22, Mardi 23, Mercredi 24 et Jeudi 25 Novembre 1909

à deux heures

COMMISSAIRES-PRISEURS

6, rue Favart, 6	29, rue Maubeuge, 29

EXPERTS

Pour les Tableaux :	*Pour les Objets d'Art :*
14, rue Visconti et rue Bonaparte, 20	7, rue Saint-Georges, 7

EXPOSITIONS

PARTICULIÈRE : *Le Samedi 20 Novembre 1909, de 1 h. 1/2 à 6 heures.*

PUBLIQUE : *Le Dimanche 21 Novembre 1909, de 1 h. 1/2 à 6 heures.*

ORDRE DES VACATIONS

Le Lundi 22 Novembre 1909.

	Nos	
Tableaux	1 à 60	
Objets variés	61 à 99	121.555
Antiques	100 à 109	

Le Mardi 23 Novembre 1909.

Émaux	110 à 128	
Ivoires	129 à 142	93.837
Bijoux, Objets de vitrine	143 à 182	
Fers	219 à 239	
Serrures, Clés et Accessoires	240 à 264	

Le Mercredi 24 Novembre 1909.

Bijoux, Objets de vitrine (*fin*)	183 à 218	
Armes et Accessoires	265 à 290	46674
Ustensiles divers	291 à 314	
Médailles et Plaquettes	315 à 349	

Le Jeudi 25 Novembre 1909.

Bronzes et Cuivres	350 à 388	131.003
Sculptures	389 à 400	
Bois sculptés	401 à 426	
Meubles	427 à 435	
Tapisseries, Tapis	436 à 441	
Vitrines	442 à 448	
		393.069

Tableaux Anciens

BREUGHEL (de Velours)

(JEAN)

1 — *Le Feu.*

Vénus, accompagnée de l'Amour, est descendue chez Vulcain chercher les armes d'Énée: nue, une draperie bleue jetée sur l'épaule, elle regarde le dieu qui vient de poser le bouclier sur l'enclume. Autour d'eux, épars à terre, au premier plan, un lot d'armes diverses, de casques et de cuirasses. Derrière, dans la pénombre, parmi les rochers, les cyclopes travaillent autour d'un brasier. Au fond, la voûte s'enfonce, ramenant à l'air libre, tandis qu'à droite, une échancrure dans le roc découvre un paysage aride où travaillent des paysans et que surplombe la masse fumante de l'Etna.

Bois. Haut., 52 cent.; larg., 86 cent.

Cadre en bois sculpté.

CHAMPAIGNE

(Attribué à PHILIPPE DE)

2 — ***Portrait d'homme.***

Tourné de trois quarts vers la droite, les yeux vifs, le teint frais, il porte une longue perruque dont les boucles viennent tomber sur son plastron de dentelles. Fond rouge.

Bois. Haut., 8 cent.; larg., 6 cent. 1/2.

Cadre en bois sculpté.

CLOUET

3 — ***Portrait présumé de Charles de la Rochefoucauld, comte de Randan.***

Il est vu de trois quarts, de buste, sur fond vert, coiffé d'une toque noire à large plume; il a le front haut, le nez long et mince, les yeux vifs et rieurs. Il porte une courte barbe; une ombre de moustache souligne la bouche volontaire. Sur son costume blanc, à col montant, est jeté un manteau noir.

Derrière le panneau, on voit un cachet aux armes de Colbert.

Bois. Haut., 15 cent.; larg., 13 cent.

Collection de Gaignières.

CLOUET

(École des)

4 — ***Portrait de la Princesse de Condé.***

Elle est vue de buste, en corsage noir décolleté, la tête se détachant sur une large collerette de gaze en forme d'éventail. Elle porte des pendants d'oreilles et un collier en grosses perles.

Bois. Haut., 64 cent.; larg., 54 cent.

4. H.

4.

[illegible]

31

H.

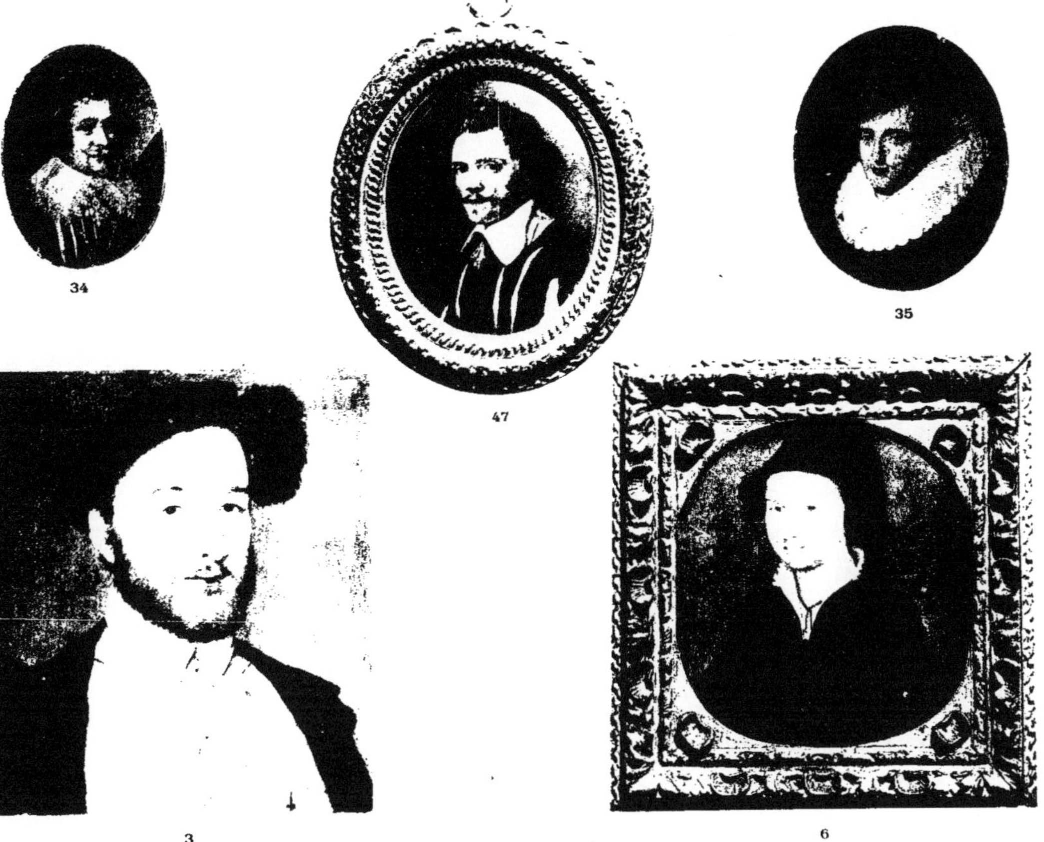

34

47

35

3

6

COELLO

Attribué à CLAUDIO

5 — *Portrait d'un jeune prince.*

Vu de buste, de trois quarts, il se détache sur fond gris, les cheveux taillés en frange, le visage encadré d'une collerette bordée de dentelles. Sur son habit noir brodé d'or, tombe, suspendue à un ruban rouge, une médaille.

Toile. Haut., 34 cent.; larg., 27 cent.

CORNEILLE (de Lyon)

6 — *Portrait de jeune femme.*

Elle sourit, vue de trois quarts, jusqu'à mi-corps, jeune, la tête recouverte d'un voile noir qui lui tombe sur l'épaule. Les yeux, de même que la bouche, aux coins légèrement relevés, sourient tendrement. Le corsage noir, à col de dentelle et entr'ouvert, découvre sur le cou une chaine à laquelle pend un médaillon.

Bois, forme ronde. Diam., 16 cent.

Cadre en bois sculpté.

CRANACH

7 — *Portrait de Weicker Revs.*

Il est représenté de trois quarts jusqu'à mi-corps, les deux mains croisées sur la garde de son épée. Il porte un costume noir à revers de fourrure; le col de la chemise à plissés est brodé d'or. La tête, se détachant sur un fond bleu, est coiffée d'un large chapeau noir, agrémenté de quelques pièces de métal; les cheveux roux retombent en boucle sur l'oreille; le visage imberbe, aux traits découpés, est plein de caractère et empreint de mâle énergie.

En haut, on lit : *1529, Weicker Rers seins alters 29.*

Bois. Haut., 47 cent.; larg., 33 cent.

Vente Arsène Houssaye

CRANACH (?)

8 — *Jeanne la Folle et son fils Charles-Quint.*

Elle est debout, se détachant sur un rideau vert et revêtue d'un riche costume à ornements garni de pierres précieuses : une vaste toque, également décorée de bijoux, coiffe le visage délicat qu'éclairent deux grands yeux verts taillés en amandes.

A droite, Charles-Quint appuie son jeune visage sur l'épaule de sa mère et lève sa main droite garnie de bijoux. Il porte un costume rouge à parements de fourrure, et une toque également rouge, enrichie de trois perles : le cou est pris dans un col montant à plissés et à ornements d'or.

Bois. Haut., [illegible] cent. ; larg., 42 cent.

CRANACH (?)

9 — *Portrait de dame de qualité.*

Elle est représentée en buste, vêtue d'un riche costume or rehaussé de joyaux, un double collier orne son cou ; dans ses deux mains croisées, elle tient une pomme.

Bois. Haut., [illegible] cent. ; larg., 42 cent.

DAVID

École de GÉRARD

10 — *La Vierge et le Christ mort.*

Enveloppée d'un voile blanc, la Vierge supporte de ses deux mains la tête de son fils qu'elle embrasse une dernière fois.

Bois. Haut., 17 cent. ; larg., 17 cent.

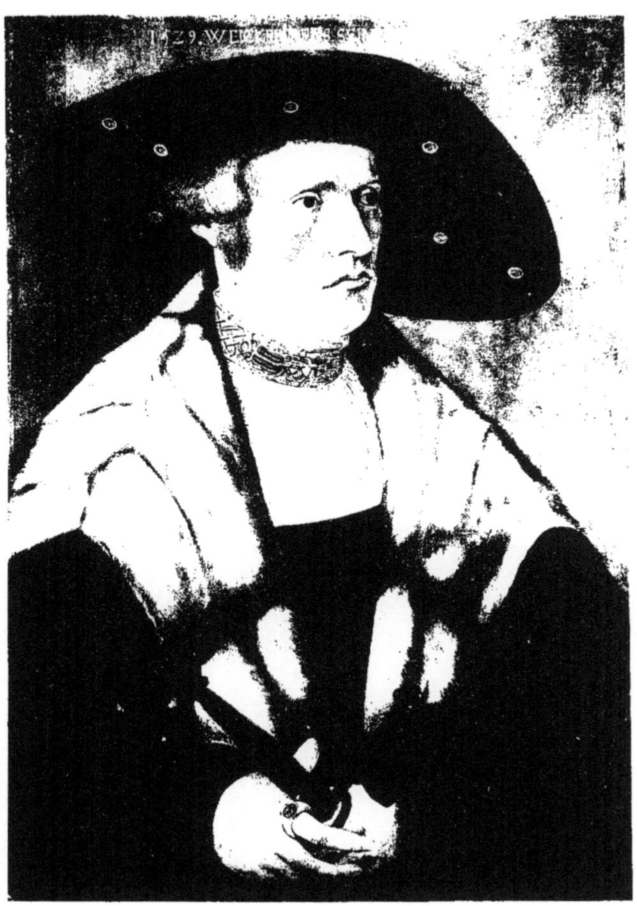
1529.

DYCK

(Attribué à VAN)

11 — ***Portrait d'une jeune femme à cheval.***

Elle est coiffée d'un chapeau à larges plumes, et tient d'une main les guides de son cheval; de l'autre, un éventail; elle porte sur son col de dentelles une rangée de perles. Sur le ciel, à gauche, s'envolent quelques oiseaux.

Grisaille.

Bois. Haut., 25 cent.; larg., 31 cent.

ÉCOLE ALLEMANDE

12 — ***Portrait d'homme.***

Il est vu jusqu'à mi-corps, sur un fond vert, tenant un parchemin de ses deux mains gantées de gris. Le visage aux longs cheveux plats est coiffé d'un large chapeau noir à deux boutons. Les yeux ont une expression sévère; une courte barbe carrée et une légère ombre de moustache soulignent la bouche volontaire. Il porte un costume noir qui découvre la chemise sur la poitrine, et sur lequel vient tomber une breloque dorée.

Haut., 60 cent.; larg., 41 cent.

ÉCOLE ALLEMANDE

13 — ***Le Christ en croix.***

Au pied de la croix, sur laquelle le Christ expire, les Saintes Femmes sont à genoux, en prières; à droite, quelques cavaliers. Au fond, la rivière se déploie, bordant la ville, et va se perdre dans les lointains bleutés.

Bois. Haut., 75 cent.; larg., 50 cent.

ÉCOLE ALLEMANDE

14 — *Le Calvaire.*

Dessin.

Haut., 23 cent.; larg., 35 cent

ÉCOLE ESPAGNOLE

15 — *Portrait d'un grand seigneur.*

Il est représenté, la tête vue de trois quarts : il porte sa moustache blonde relevée, et la barbiche : une large collerette encadre son visage.

Cuivre, forme ronde. Diam., 3 cent.

Cadre en ébène et cuivre.

ÉCOLE ESPAGNOLE

16 — *Tête d'homme à collerette.*

Métal, forme ronde. Diam., 4 cent.

Dans un cadre octogonal en écaille.

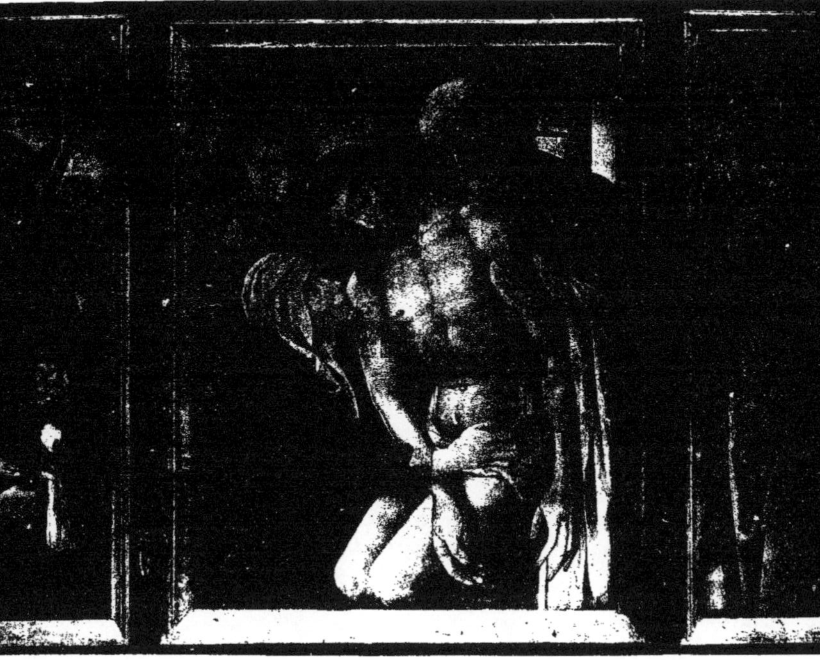

17

ÉCOLE FLAMANDE

17 — *La Descente de Croix.*

Le corps de Jésus est descendu de la Croix, soutenu par Joseph d'Arimathie, tandis qu'à gauche, auprès de saint Jean, la Vierge pleure son Fils.

Au panneau de gauche, saint André, tenant un marteau et trois clous.

Au panneau de droite, sainte Lucie tenant un vase doré et portant une main à ses yeux.

Triptyque.

Panneau du milieu. Haut., 59 cent., larg., 45 cent.
Volets de côté. Haut., 59 cent.; larg., 1[illegible] cent.

ÉCOLE FLAMANDE

18 — *Portrait de jeune homme.*

Il est vu en pied, debout, bien campé, devant une table à tapis vert sur laquelle il a posé sa toque à plume; en pourpoint jaune, à manches et collerette de dentelles; il tient ses gants de la main droite et porte une épée en bandoulière.

Cuivre. Haut., 2[illegible] cent.; larg., 12 cent.

ÉCOLE FLAMANDE

19 — *L'Adoration des Mages.*

Sur un fond d'architecture, dans un paysage pittoresque et accidenté, à droite, la Vierge, vêtue de bleu et drapée dans un manteau gris, tient sur les genoux l'Enfant Jésus. Derrière elle, saint Joseph, la tête recouverte d'un capuchon vert, et tout autour les Rois Mages, à genoux ou debout, offrant des présents.

Le panneau de gauche représente la Nativité, celui de droite la Circoncision.

Triptyque cintré du haut.

Panneau du milieu. Haut., 1 m. 02; larg., 75 cent.
Volets de côté. Haut., 1 m. 02; larg., 32 cent.

ÉCOLE FLAMANDE

XVIIe siècle.

20 — ***Portrait d'Étienne de Witt.***

Il est représenté à genoux, tête nue, armé, les mains jointes, tourné vers la droite. Il porte la barbe longue et les cheveux courts. Son casque et ses gantelets sont posés devant lui. Au fond, à droite, un camp ; à gauche, un monument avec des colonnes, orné des armoiries du personnage : d'argent à la licorne de gueules, accompagnées de la légende : *Stephanus de Witt Ultrajectinus eques auratus ætatis 42*. Et plus bas, une inscription : *Bellarit miles, debellarit dux Cæsari Carolo V regi Philippo.*

Au premier plan, sur un cartel, une signature illisible.

Bois. Haut., 45 cent. ; larg., 15 cent.

Cadre en bois sculpté du XVIIe siècle.

Collection Spitzer.

ÉCOLE FLAMANDE

21 — ***Le Marchand d'orviétan.***

Bois. Haut., 56 cent. ; larg., 41 cent.

ÉCOLE FLAMANDE

22 — ***Volet de triptyque.***

D'un coté, un donataire en dominicain et un évêque ; de l'autre, un évêque en grisaille.

Bois. Haut., 40 cent ; larg., 11 cent.

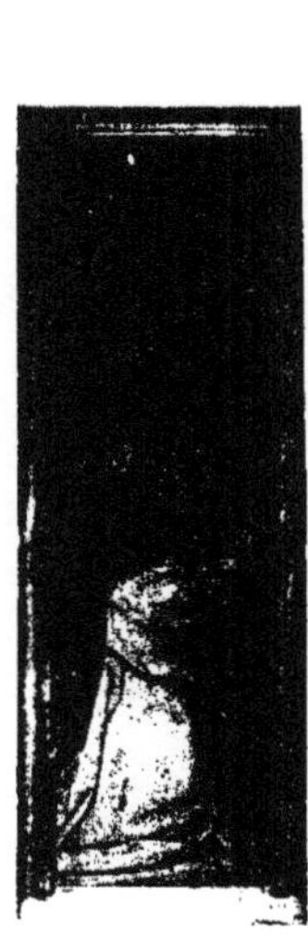

22

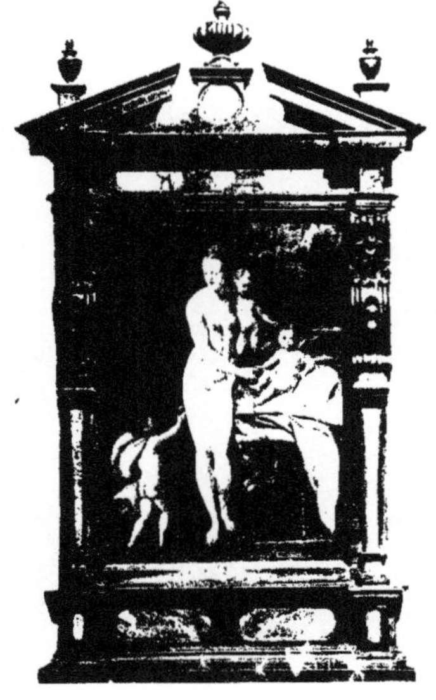

57

23

50

ÉCOLE FLAMANDE

23 — *Volet de triptyque.*

D'un côté, saint André et saint Paul ; de l'autre, un cardinal en grisaille.

Bois. Haut., 40 cent. ; larg., 11 cent.

ÉCOLE FRANÇAISE

24 — *Portrait d'homme.*

Il est vu de buste, se détachant sur fond gris, dans un cartouche ovale, en habit noir, le cou pris dans une collerette à plissés ; il est tourné de trois quarts, et porte une courte barbe. Les cheveux sont coiffés d'une toque noire ornée d'un bijou serti de diamants.

Bois. Haut., 53 cent. ; larg., 45 cent.

ÉCOLE FRANÇAISE

25 — *Portrait d'un magistrat de l'époque Louis XIV.*

Vu de buste, en habit noir à rabat, il porte une haute perruque qui vient tomber sur ses épaules.

Cuivre ovale. Haut., 12 cent. 1/2 ; larg., 11 cent.

ÉCOLE FRANÇAISE

26 — *Portrait d'homme.*

Il se détache sur fond or, vu de buste, de trois quarts, la moustache en croc et la barbe en pointe : le cou est pris dans une large collerette à plissés ; l'habit est brodé d'argent.

Miniature sur verre. Haut., 5 cent. ; larg., 4 cent.

ÉCOLE FRANÇAISE

PENDANT DU SUIVANT

27 — *Portrait d'une jeune dame de qualité.*

Bois ovale. Haut., 26 cent. ; larg., 20 cent.

ÉCOLE FRANÇAISE

PENDANT DU PRÉCÉDENT

28 — *Portrait d'une jeune dame de qualité.*

Bois ovale. Haut., 26 cent. ; larg., 20 cent.

ÉCOLE FRANÇAISE

29 — *Portrait d'Henri IV.*

Bois. Haut., 5 cent. 1/2 ; larg., 4 cent.

ÉCOLE FRANÇAISE

30 — ***Portrait d'homme à cheveux blonds bouclés.***

Dans une boite en écaille.

Forme ovale. Haut., 5 cent. 1/2; larg., 5 cent.

ÉCOLE FRANÇAISE

31 — ***Portrait de femme en blanc.***

Cuivre ovale. Haut., 5 cent. 1/2 ; larg., 4 cent. 1/2.

ÉCOLE FRANÇAISE

32 — ***Tête d'homme à écharpe rouge.***

Miniature. Carton ovale. Haut., 3 cent.; larg., 2 cent. 1/2.

ÉCOLE FRANÇAISE

33 — ***Buste de femme à collerette.***

Carton ovale. Haut., 5 cent. 1/2; larg., 5 cent.

ÉCOLE FRANÇAISE

34 — ***Portrait d'homme, époque Louis XIII.***

Costume noir à collerette, à chaine d'or.
Au-dessus de la tête, on lit : *An 1632*.

Cuivre ovale. Haut., 6 cent.; larg., 4 cent.

ÉCOLE FRANÇAISE

35 — *Tête d'homme à collerette et écharpe rouge.*

Métal ovale. Haut., 7 cent.; larg., 5 cent. 1/2.

ÉCOLE FRANÇAISE

36 — *Portrait de femme en corsage blanc.*

Bois, forme ronde. Diam., 5 cent.

ÉCOLE FRANÇAISE

37 — *Tête d'homme à perruque blanche.*

Ovale. Haut., 2 cent.; larg., 1 cent. 1/2.

Dans une boîte en cuivre.

ÉCOLE FRANÇAISE

38 — *Portrait d'homme à collerette.*

Carton ovale. Haut., 5 cent. 1/2; larg., 4 cent. 1/2.

ÉCOLE FRANÇAISE

39 — *Portrait de femme.*

A gauche, des armoiries.

En haut, on lit : *Ætatis suæ 26, an° 1694.*

Bois. Haut., 53 cent.; larg., 43 cent.

ÉCOLE HOLLANDAISE

40 — ***Portrait d'homme***

Cuivre ovale. Haut., 3 cent. 1/2 ; larg., 3 cent.

Dans une boite en écaille.

ÉCOLE HOLLANDAISE

41 — ***Portrait d'homme.***

De trois quarts, il sourit ; la chevelure abondante vient tomber sur son col de dentelle.

Miniature très fine.

Cuivre ovale. Haut., 3 cent. ; larg., 2 cent. 1/2.

Dans une boite émaillée.

ÉCOLE HOLLANDAISE

42 — ***Portrait présumé de Michel Adriaanzoon van Ruyter.***

Il est représenté debout, une main appuyée sur la hanche et l'autre tenant son baudrier ; près de lui est une table sur laquelle on voit un livre ouvert, un crucifix, une bougie éteinte, etc.

Bois. Haut., 33 cent. ; larg., 28 cent.

ÉCOLE HOLLANDAISE

43 — ***Portrait d'homme en habit jaune.***

Cuivre, forme ovale. Haut., 6 cent. ; larg., 5 cent.

Dans une boite en métal.

ÉCOLE HOLLANDAISE

120
Le même

44 — *Portrait d'homme.*

Cuivre ovale. Haut., 6 cent.; larg., 5 cent.

ÉCOLE HOLLANDAISE

80
Faro

45 — *Tête d'homme à collerette.*

Métal, forme ovale. Haut., 5 cent. 1/2; larg., 4 cent. 1/2.

Dans un cadre écaille et cuivre.

ÉCOLE HOLLANDAISE

85
Fitz Henry

46 — *Portrait d'homme en habit vert.*

Cuivre, forme ovale. Haut., 7 cent.; larg., 5 cent. 1/2.

ÉCOLE HOLLANDAISE

1290
Kleinberger

47 — *Portrait d'homme.*

Il est tourné de trois quarts, le visage légèrement incliné, et porte un habit vert à crevés, à large col rabattu.

Bois. Haut., 10 cent.; larg., 8 cent. 1/2.

ÉCOLE HOLLANDAISE

48 — *Buste d'homme.*

Vu de trois quarts, il porte de longs cheveux blonds qui viennent rouler aux épaules, sur le costume noir.

Bois. Haut., 8 cent ; larg., 6 cent. 1/2.

ÉCOLE HOLLANDAISE

49 — *Portrait d'homme, époque Louis XIII.*

Cuivre ovale. Haut., 6 cent. ; larg., 5 cent.

ÉCOLE ITALIENNE PRIMITIVE

50 — *La Mort de Lucrèce.*

Derrière la table servie, se détachant sur le fond architectural, Lucrèce vient de se lever et se porte un coup de poignard. Autour d'elle, différents personnages, dont quelques-uns essayent, trop tard, d'intervenir. A droite, deux cavaliers : à gauche, un paysage accidenté avec rivière.

Bois. Haut., 20 cent. ; larg., 80 cent.

ÉCOLE ITALIENNE

51 — *Danaé.*

Toile. Haut., 1 m. 20 ; larg., 1 m. 60.

FRANCK

52 — *Ecce Homo.*

A gauche, aux dernières marches du perron, le Christ, au milieu des soldats, est exposé aux regards de la foule, qui l'accueille par des huées et des sarcasmes; près de lui, le grand prêtre en habit rouge, coiffé d'un turban vert.

Aux fenêtres de la maison et plus loin, au faite d'un mur, auprès d'une tour ronde, des hommes se penchent pour voir la scène. Et c'est au loin, sous un ciel qu'éclairent les dernières lueurs du jour, le temple de Jérusalem qui se dresse parmi les maisons de la ville.

Bois. Haut., 67 cent.; larg., 49 cent.

HOLBEIN

53 — *Portrait d'Érasme.*

En costume noir, à col doublé de fourrure, il est vu de trois quarts, tenant ses gants de la main droite, qu'orne une bague. La tête, coiffée d'une toque noire, se détache sur un fond vert. Le visage grave, plutôt maigre, est d'une belle tenue, reflétant une calme dignité. Les yeux sont profonds et perçants; le nez qui tombe droit, la bouche aux lèvres minces, soulignent encore le caractère froid et pondéré du personnage.

Bois. Haut., 37 cent.; larg., 26 cent.

MOREELSE

École de

54 — *Tête de femme.*

Vue de face, en costume noir et bonnet blanc.
Cadre en écaille.

Bois. Haut., 40 cent.; larg., 33 cent.

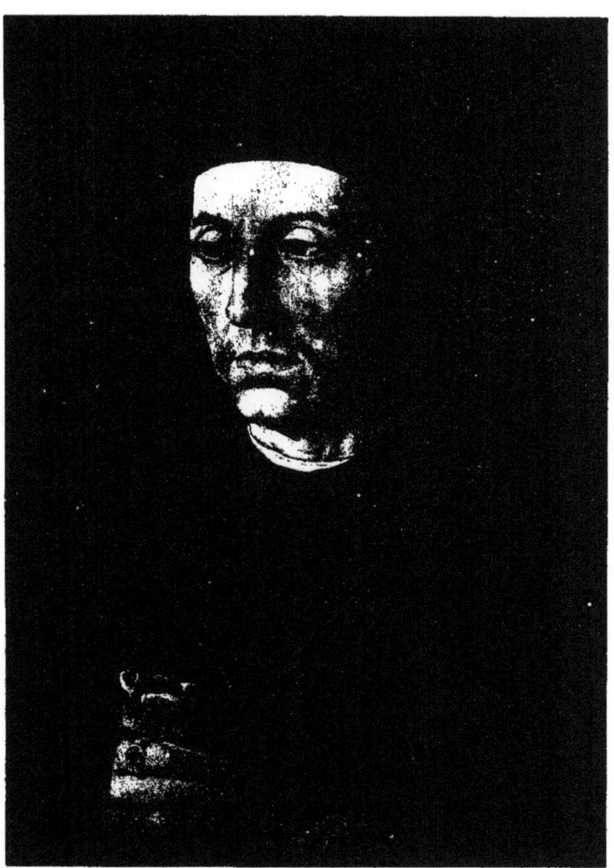

MOSTAERT

55 — ***Marguerite d'Autriche, fille de l'Empereur Maximilien et de Marie de Bourgogne, femme de Philibert, Duc de Savoie.***

Elle se détache sur un fond de draperie rouge à ornements, tenant de ses mains fines, ornées de bagues, un missel ouvert. Le visage, d'une carnation délicate, d'un ovale régulier, s'incline légèrement: la tête est enveloppée d'une draperie blanche bordée d'or, que surmonte une armature en demi-cercle, ornée de bijoux. Le costume est de velours vert et cramoisi: au cou pend, par un chaine d'or, un grand joyau de Saint-Georges.

Bois. Haut., 75 cent.; larg., 55 cent.

POURBUS

(FRANÇOIS)

56 — ***Portrait de Sully.***

Il est représenté jusqu'à mi-corps, la figure épanouie, rie it d'un rire bon enfant, la bouche entr'ouverte sous ses moustaches blanches. Il a le front haut, le visage large et porte une barbe ondulée qui vient tomber sur sa collerette à plissés. Son costume est noir à crevés, découvrant la chemise de soie violette à ornements d'or; à sa poitrine, par une chaine d'or à plusieurs rangs, est pendue une large médaille.

Fond gris.

Toile. Haut., 67 cent.; larg., 51 cent.

LE PRIMATICE

57 — ***Vénus et les Amours.***

Debout, nue, se détachant sur une draperie verte, Vénus sourit aux jeunes Amours qui l'entourent. L'un, à terre, au manteau flottant, tend une pomme à la déesse. Deux autres sont l'un debout, l'autre assis sur un lit aux draperies rouges et bleues, que supporte une chimère.

Bois. Haut., 31 cent.; larg., 22 cent.

Cadre style Renaissance.

PRIMATICE

(École du)

58 — ***Jeune femme.***

Vue de buste, de trois quarts, nue, à demi drapée dans un voile de gaze.

En bas, on lit : *Poppea Sabina.*

Bois. Haut., 29 cent.; larg., 21 cent.

RAVENSTEIN

(Attribué à VAN)

59 — ***Portrait d'une jeune femme.***

Vue de buste, presque de face, elle porte un riche costume vert à ornements rouges, recouvert sur l'épaule par le large col de dentelles. Les cheveux blonds sont coiffés d'une toque à plume blanche; elle porte des pendants d'oreille et un collier en perle.

Bois. Haut., 68 cent.; larg., 60 cent.

---

60 — Sous ce numéro, seront vendus les tableaux non catalogués.

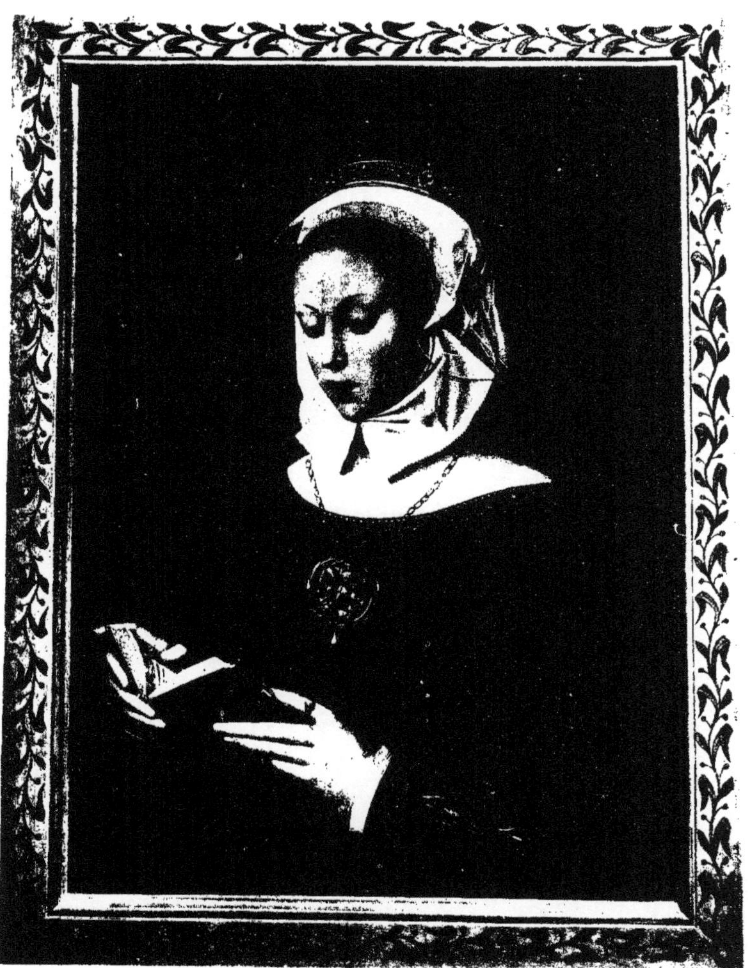

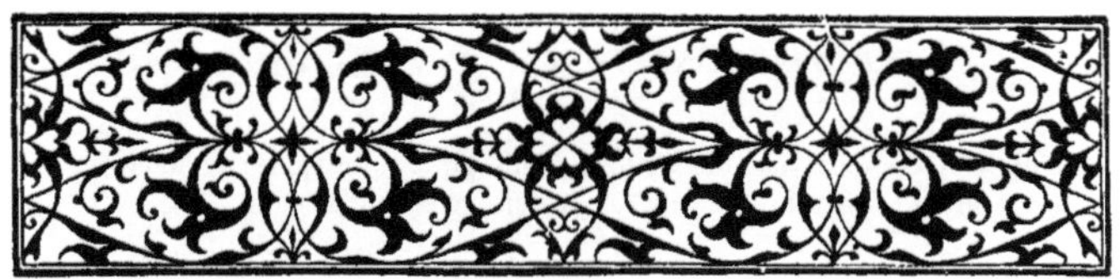

OBJETS D'ART ET DE HAUTE CURIOSITÉ

OBJETS VARIÉS

61 — Petit flacon à panse surbaissée, en terre émaillée bleu et blanc.

Haut., 10 cent.

62 — Aiguière de forme surbaissée et à anses surélevées avec déversoir orné d'un mascaron, décor jaspé à rinceaux et figures en relief. Terre émaillée de la suite de Palissy.

Haut., 30 cent.

63 — Cruche en ancien grès de Raeren, présentant, sur la panse, des groupes de personnages sous des arcades.

Haut., 34 cent.

64 — Coffret revêtu de cuir et muni d'une garniture de fer, serrure à moraillon. xvie siècle. Au revers du couvercle, une gravure coloriée.

Larg., 25 cent.

65 — Petite boite rectangulaire en cuir gravé et partiellement doré, à décor d'entrelacs, de médaillons et de rinceaux. xvie siècle.

Larg., 11 cent.

66 — Coffret revêtu de cuir gravé et garni de fer, serrure à moraillon. xvie siècle.

Haut., 6 cent.; larg., 10 cent.

67 — Étui de forme oblongue en cuir gravé, présentant le monogramme du Christ au milieu de feuillages. XVIe siècle.

Haut., 12 cent.

68 — Petit étui pour trousse, en cuir partiellement doré, décoré d'un semis de fleurettes. Fin du XVIe siècle.

Long., 11 cent.

69 — Reliquaire octogonal en cuir partiellement doré aux petits fers. XVIIe siècle.

Haut., 17 cent.; larg., 15 cent.

70 — Écrin en cuir gravé partiellement doré, à décor d'entrelacs et de fleurettes. XVIe siècle.

Haut., 17 cent.; larg., 12 cent.

71 — Baguier en cuir doré. XVIIe siècle.

Larg., 9 cent.

72 — Petite assiette en étain, décorée de figures d'empereurs d'Allemagne. Travail allemand du XVIIe siècle.

Diam., 19 cent.

73 — Plaque rectangulaire en verre dit églomisé, présentant la Vierge assise portant l'Enfant Jésus et surmontée de deux anges tenant une couronne. XVIe siècle.

Haut., 13 cent.; larg., 10 cent.

74 — Niche en cuivre doré, enrichie de petites plaques de lapis, sardoine, cristal de roche, améthyste et jaspe. Travail italien de la fin du XVIe siècle.

Haut., 45 cent.

75 — Coffret oblong en pâte, à décor de compositions tirées de l'histoire romaine. Travail italien, XVIe siècle.

Larg., 17 cent.

76 — Coffret rectangulaire en bois incrusté d'ivoire et de nacre, décoré, sur toutes les faces, de fleurs et d'animaux. Commencement du XVIIe siècle.

Haut., 14 cent.; larg., 32 cent.

77 — Coffret oblong en pâte dorée, décoré de personnages, de cavaliers, d'animaux et de rinceaux. Travail italien du xve siècle.

Haut., 20 cent. ; larg., 32 cent.

78 — Petit cadre plaqué d'écaille. xviie siècle.

Haut. intérieure, 38 cent. ; larg., 20 cent.

79 — Deux petits cadres en ébène, enrichis de plaques de jaspe et de lapis. xviie siècle.

Haut. intérieure, 21 cent. ; larg., 16 cent.

80 — Cadre rectangulaire en bois décoré de rinceaux exécutés en pâte dorée. xviie siècle.

Haut. intérieure, 60 cent. ; larg., 47 cent.

81 — Cadre de Christ, en bois sculpté et doré, du temps de Louis XIV, orné des emblèmes de la Passion. Il contient une croix peinte sur cuivre et présentant un Christ.

Haut., 54 cent. ; larg., 42 cent.

82 — Médaillon ovale, présentant, en léger relief, le buste de Louis XIV, exécuté en pâte blanche sur fond émaillé noir ; cercle d'or. xviie siècle.

Diam., 35 millim.

83 — Médaillon rond, présentant un buste d'homme barbu, en pâte blanche. Fin du xvie siècle. Encadré.

Diam., 4 cent.

84 — Coffret à couvercle bombé, en argent niellé, décoré, sur toutes les faces, de sujets mythologiques avec médaillon présentant un buste. Travail italien, xvie siècle.

Haut., 8 cent. ; long., 9 cent.

85 — Croix en argent partiellement doré : base feuillagée, à bordure découpée, surmontée d'un nœud, abritant des figures d'apôtres, lequel soutient la croix. Espagne, fin du xvie siècle.

Haut., 35 cent.

86 — Deux flacons quadrilatéraux, en argent ajouré, à décor de vases de fleurs. xviie siècle.

Haut., 8 cent.

87 — Coupe forme coquille, en cristal de roche gravé, à décor d'oiseaux et de rinceaux ; sur une des extrémités, une petite tête en agate grise. XVIe siècle. Elle a été remontée sur un pied également en cristal de roche. Monture en argent doré.

Larg., 27 cent.

Vente Antocolsky (1901).

88 — Petite coupe en agate rubanée et mamelonnée, tige ornée d'une monture en or émaillé. Commencement du XVIIe siècle.

Haut., 11 cent.

89 — Deux mortiers en porphyre rouge oriental. Ancien travail italien.

Diam., 15 cent.

90 — Deux coupes en agate mamelonnée.

91 — Lot de vitraux gothiques et de la Renaissance. Sera divisé.

92 — Bourse en broderie de soie de couleurs et d'argent. XVIIe siècle.

Haut., 10 cent.

93 — Aumonière en velours rouge brodé d'argent doré, à décor d'armoiries et de fleurs de lis. XVIIe siècle.

Diam., 14 cent.

94 — Aumonière en velours rouge brodé d'argent doré, à décor d'armoiries et de rinceaux. XVIIe siècle.

Diam., 15 cent.

95 — Écran à main en dentelle de fil et dentelle métallique à dessin de fleurs et feuilles avec poignée de fer doré. XVIIe siècle.

Long., 45 cent.

96 — Parement de poignet de fauconnier en broderie de soie et d'argent à reliefs, présentant une scène de chasse ; composition de nombreux personnages. Espagne, XVIe siècle.

Larg., 40 cent.

Vente Spitzer (1893).

97 — **Petit carré** en broderie de soie et d'argent à reliefs sur fond de velours noir, présentant un écusson d'armoiries supporté par deux griffons et timbré d'un casque. xviie siècle.

Haut., 18 cent.; larg., 20 cent.

98 — **Deux écrans** à main en broderie de soie et d'argent, à décor de fleurs et médaillons; poignée d'écaille incrustée de cuivre. xviie siècle.

Long., 43 cent.

99 — **Écran** à main en broderie de soie de couleurs, à décor de fleurs, fruits et oiseaux; poignée d'ivoire sculpté. xviie siècle.

Long., 45 cent.

ANTIQUES

100 — **Épingle** de coiffure ornée d'un buste de femme en os sculpté. Travail antique.

101 — **Trois petites clefs** antiques en cuivre, munies chacune d'un anneau.

Diam., 2 cent.

102 — **Fragment** en bronze antique, en forme de bras entouré d'une draperie.

Long., 24 cent.

Vente Ravaisson-Mollien.

103 — **Figurine** de nègre debout, en bronze antique.

Haut., 12 cent.

104 — **Coupe** en cuivre martelé. Travail antique.

Larg., 20 cent.

105 — **Tête de personnage**, grandeur petite nature, coiffé du pschent, en granit, de travail antique égyptien.

Haut., 25 cent.

106 — **Tête de personnage** portant la coiffure égyptienne, en granit, de travail égyptien antique.

Haut., 30 cent.

107 — Tête d'adolescent, petite nature, en granit, de travail antique égyptien.

Haut., 22 cent.

108 — Tête de personnage en granit, portant la coiffure égyptienne. Travail égyptien antique.

Haut., 20 cent.

109 — Tête de personnage en pierre noire, de travail antique égyptien.

Haut., 18 cent.

ÉMAUX

110 — Pyxide cylindrique à couvercle conique en cuivre champlevé et émaillé : décor de rinceaux feuillagés réservés en cuivre doré sur fond d'émail bleu. Limoges, XIIIe siècle.

Haut., 8 cent.

Vente Tollin 1897.

111 — Pyxide cylindrique à couvercle conique, en cuivre champlevé et émaillé, ornée d'écussons armoriés, fascés d'argent et d'azur, et se détachant sur un fond bleu chargé de motifs irréguliers. Limoges, XIIIe siècle.

Haut., 10 cent.

112 — Pyxide en cuivre champlevé et émaillé, décorée du monogramme du Christ plusieurs fois répété et de palmettes ; couvercle conique. Limoges, XIIIe siècle.

Haut., 13 cent.

113 — Christ provenant d'une croix en cuivre champlevé et émaillé : il porte la couronne et est vêtu d'un *perizonium*. Limoges, XIIIe siècle.

Haut., 27 cent.

114 — Gémellion en cuivre champlevé avec traces d'émail, présentant, au centre, un cavalier et, sur la chute, quatre médaillons lobés séparés par des écussons d'armoiries et contenant des groupes de personnages ainsi que des rinceaux. Limoges, XIIIe siècle.

Diam., 22 cent.

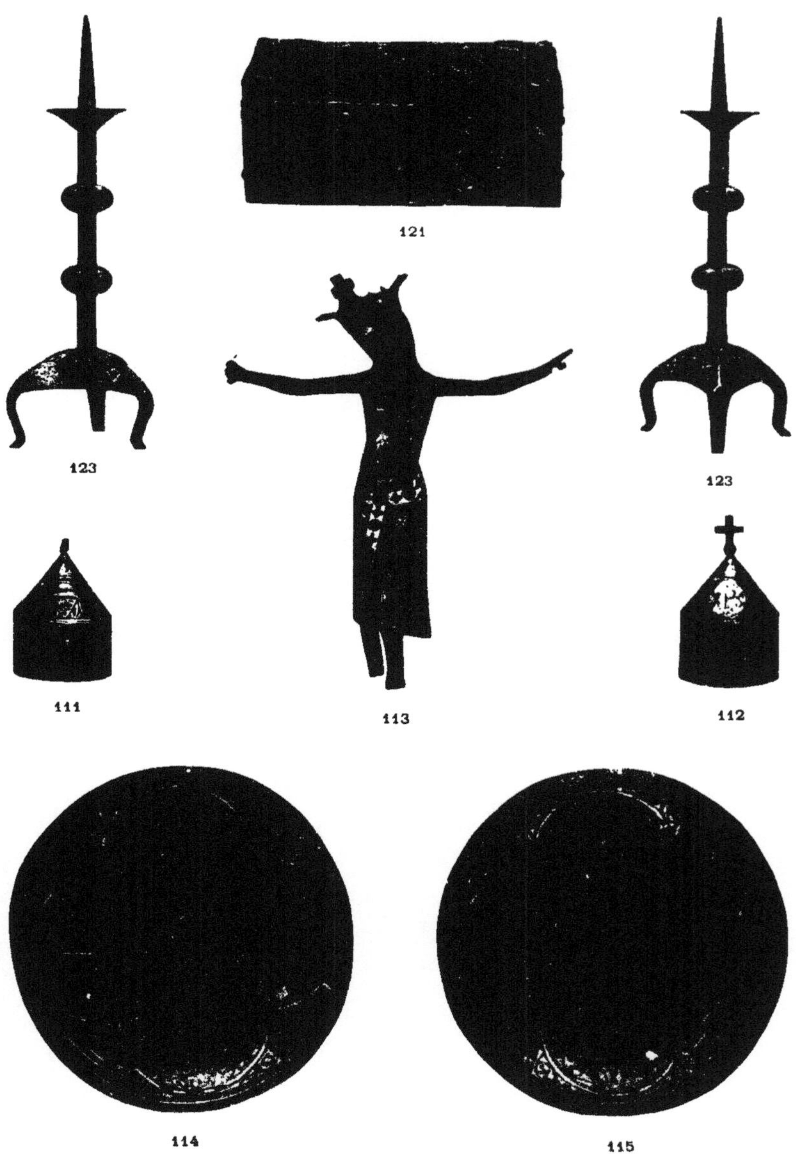
121
123
123
111
113
112
114
115

115 — Gémellion en cuivre champlevé et émaillé, décoré, au centre, d'un cavalier et, alentour, de quatre médaillons lobés contenant des personnages; entre les médaillons sont représentés des écussons d'armoiries. Limoges, XIIIe siècle.

Diam., 22 cent.

116 — Chasse en forme de maison, en cuivre champlevé et émaillé, ornée de médaillons contenant des angelots réservés sur un fond bleu clair chargé de rinceaux également en réserve. Limoges, XIIIe siècle.

Haut., 14 cent.; larg., 18 cent.

117 — Chandelier à broche en cuivre champlevé et émaillé, à décor de basilics, de rinceaux et de quartefeuilles. Limoges, XIIIe siècle.

Haut., 22 cent.

118 — Plaque rectangulaire en cuivre champlevé et émaillé, présentant le Christ bénissant, assis, exécuté en cuivre repoussé et doré, et entouré des symboles des Évangélistes réservés en métal et se détachant sur un fond bleu semé de fleurs. Limoges, XIIIe siècle.

Haut., 24 cent.; larg., 11 cent.

119 — Plaque rectangulaire en cuivre champlevé et émaillé, présentant le Christ en croix exécuté en cuivre repoussé et doré : à ses côtés, la Vierge, saint Jean et deux angelots, réservés en métal sur un fond bleu semé de fleurs. Limoges, XIIIe siècle.

Haut., 24 cent.; larg., 11 cent.

120 — Six pièces : quatre plaques rectangulaires en cuivre champlevé et émaillé, présentant en relief des personnages faisant de la musique exécutés en cuivre doré, et deux médaillons de travail analogue, à figures d'angelots. Limoges, XIVe siècle.

Largeur d'une plaque, 7 cent.
Diamètre d'un médaillon, 6 cent.

121 — Coffret rectangulaire en cuivre gravé et doré à quadrillés, enrichi de plaques en cuivre champlevé et émaillé, à décor de personnages, d'animaux et de rinceaux feuillagés. Limoges, XIVe siècle.

Haut., 8 cent.; larg., 21 cent.

122 — Encensoir en cuivre champlevé et émaillé, à décor de rinceaux. Il est orné, en outre, de quatre médaillons en cuivre ajouré et doré, présentant des basilics enroulés; le couvercle simule une toiture à double rang d'arcades. Limoges, XIVe siècle.

Haut., 18 cent.

123 — Deux chandeliers en cuivre champlevé et émaillé. La base à trois faces est décorée de rinceaux interrompus par des basilics enroulés réservés en cuivre ajouré ; sur la tige, deux nœuds également ornés de rinceaux ; le plateau offre des motifs réguliers. Limoges, XIVe siècle.

Haut., 32 cent.

124 — Navette à encens en cuivre champlevé et émaillé, décorée de médaillons contenant des rosaces et des feuillages. Deux basilics enroulés, réservés en cuivre, complètent l'ornementation. Limoges, XIVe siècle.

Larg., 20 cent.

125 — Navette à encens en cuivre champlevé et émaillé, décorée de figures d'angelots, ainsi que de basilics sur le couvercle et sur le pourtour extérieur. Limoges, XIVe siècle.

Larg., 19 cent.

126 — Ciboire en cuivre champlevé, émaillé et doré, décoré de médaillons contenant des angelots et séparés par des palmettes. En partie du XIVe siècle.

Haut., 23 cent.

127 — Monstrance, composée d'une base à bordure lobée en cuivre champlevé et émaillé de Limoges, XIIIe siècle, et décorée de six écussons d'armoiries. Sur cette base, se dresse la monstrance en cuivre doré de travail de la fin du XVe siècle.

Haut., 26 cent.

128 — Plaque de baiser de paix en émail peint de Limoges, XVIe siècle, atelier des Pénicaud : la Nativité.

Haut., 8 cent. ; larg., 6 cent.

IVOIRES

129 — Volet de diptyque en ivoire sculpté, à sujets saints disposés sous une arcature gothique. France, XIVe siècle.

Haut., 10 cent.; larg., 7 cent.

130 — Plaque rectangulaire en ivoire sculpté : le Christ crucifié, composition de nombreux personnages sous une arcature gothique. XIVe siècle.

Haut., 8 cent.; larg., 6 cent.

131 — Groupe en ivoire sculpté : la Vierge debout, portant l'Enfant Jésus. XIVe siècle. Il est surmonté d'un dais en argent.

Haut., 16 cent.

132 — Baiser de paix en ivoire : la Résurrection. Époque gothique.

Haut., 15 cent. larg., 9 cent.

133 — Très petit bas-relief-applique en ivoire : sainte Véronique accompagnée d'une autre Sainte Femme. Commencement du XVe siècle.

Haut., 3 cent.

134 — Dizain, formé de grains et d'une croix en ivoire piqué d'or, présentant, sur la croix, le Saint-Esprit et, sur les grains, le chiffre d'Henri III, ainsi que les emblèmes du collier de l'ordre du Saint-Esprit. XVIe siècle.

135 — Applique en os sculpté, présentant l'allégorie de la Mort. Allemagne, XVIe siècle.

Haut., 12 cent.

136 — Groupe en ivoire : Vénus et l'Amour. XVIe siècle.

Haut., 15 cent.

137 — Groupe en ivoire sculpté, représentant la Vierge assise, amplement drapée et tenant, sur le genou droit, l'Enfant Jésus nu qui fait le geste de la bénédiction. Travail italien de la fin du XVIe siècle.

Haut., 23 cent.

138 — Figurine en ivoire sculpté : David debout sur la tête de Goliath. Fin du XVIe siècle.

Haut., 15 cent.

139 — Figurine de berger jouant de la musette, ivoire sculpté. XVIIe siècle.

140 — Petite croix en bois avec Christ en ivoire. Travail espagnol du XVIIe siècle.

Haut., 15 cent.

141 — Bas-relief en ivoire, à sujet de bacchanale ; au centre, une bacchante entièrement nue, assise à terre ; elle s'appuie sur les genoux d'un satyre. Autour d'eux, des enfants et des chèvres. Travail flamand du XVIIe siècle, attribué à Van Obstal.

Larg., 42 cent.

Vente Spitzer (1893).

142 — Petit buste-applique en ivoire : sainte femme. XVIIe siècle.

Haut., 8 cent.

BIJOUX, OBJETS DE VITRINE

143 — Petite applique ronde, en émail translucide sur argent, présentant un saint abbé assis sous une arcade. Italie, XIVe siècle.

Diam., 4 cent.

144 — Bague en or, présentant un chaton ovale gothique en or émaillé, à figure d'évêque, entouré d'une inscription ; bordure de roses.

145 — Bague en or, présentant une fleur de lis en incrustation d'émail noir. Fin du XVe siècle.

146 — Bague en or, enrichie d'une pierre bleue. XVe siècle.

147 — Bague en or, à chaton enrichi d'un saphir. XVe siècle.

148 — BAGUE en or ciselé, présentant l'inscription : *Ave Maria*, et à chaton enrichi d'une pointe de diamant. Commencement du XVIe siècle.

149 — BAGUE en or, à chaton octogone, formé d'une plaque de cristal, présentant un écusson d'armoiries. Commencement du XVIe siècle.

150 — FERMOIR en argent doré, orné d'un buste et de deux figures de style antique. Travail de Nuremberg du XVIe siècle.

Larg., 8 cent.

151 — PETITE APPLIQUE en bronze doré, présentant un souverain assis, accompagné de quatre personnages. Fond architectural. XVIe siècle.

Haut., 6 cent.

152 — BAGUE en or, à chaton partiellement émaillé noir et enrichi d'une pierre rouge. XVIe siècle.

153 — BAGUE en or, avec chaton formant cœur. XVIe siècle.

154 — BAGUE en or ajouré, enrichie d'un camée agate, placé entre deux émeraudes. XVIe siècle.

155 — BAGUE en or, à chaton partiellement émaillé et enrichi d'une plaque de verre rouge. XVIe siècle.

156 — BAGUE en or, à chaton, enrichi d'une plaque de cristal de roche sur paillon et entouré de petits motifs émaillés. XVIe siècle.

157 — BAGUE en or, partiellement émaillé, à chaton enrichi d'une plaque de cristal de roche sur paillon. XVIe siècle.

158 — BAGUE en argent, partiellement émaillé, présentant un petit chaton ovale, enrichi d'une pierre de couleur et relié au corps de la bague par deux petites cariatides. XVIe siècle.

159 — COLLIER formé de maillons d'or émaillé, enrichis de petites perles. XVIe siècle. Il est accompagné d'un bijou pendeloque, en forme de corbeille, en or et pierres de couleur, du XVIIIe siècle.

160 — Fragment de chainette, composée de tibias simulés, émaillés sur or. xvie siècle.

161 — Bijou de corsage en or émaillé enrichi de perles, d'émeraudes et autres pierres de couleur, avec camée-agate sur la pendeloque. xvie siècle.

162 — Montre octogonale en cristal de roche, garnie d'or émaillé, mouvement signé *F. Vibrandi Leouardiæ*. Fin du xvie siècle.

Long., 4 cent.

163 — Très petite applique émaillée sur or en forme de tête de Christ. Fin du xvie siècle.

Haut., 1 cent.

164 — Bague en or à chaton enrichi d'une émeraude entourée d'une torsade. Fin du xvie siècle.

165 — Bague en or partiellement émaillé, à chaton enrichi de pierreries. Fin du xvie siècle.

166 — Bague en or partiellement émaillé, à chaton reposant sur des volutes et enrichi d'un petit diamant. Fin du xvie siècle.

167 — Bague en or partiellement émaillé, à chaton formé d'une tête de mort et enrichi de petits diamants tables. Fin du xvie siècle.

168 — Bague en or, à chaton enrichi d'une émeraude et relié au corps de la bague par deux figures d'angelots, les mains jointes. Fin du xvie siècle.

169 — Bague en or émaillé blanc, à surface couverte de feuillages interrompus par deux petits mascarons; chaton pavé de diamants tables. Fin du xvie siècle.

170 — Croix pendeloque en or, contenant, sur les deux faces, des images de sainteté, en verre dit églomisé : le Christ en Croix et une Sainte Femme. Fin du xvie siècle.

171 — Médaillon ovale, en verre dit églomisé, à sujets saints : monture en or émaillé à fleurs. Commencement du XVIIe siècle.

Petit diam., 4 cent. ; grand diam., 5 cent.

172 — Deux pendants d'oreilles, en or émaillé, en forme de croissants enrichis de fleurs et de petites perles. Travail espagnol, commencement du XVIIe siècle.

173 — Pendeloque en or émaillé à décor d'oiseaux et de fleurs, enrichie de petits diamants montés argent. Commencement du XVIIe siècle.

174 — Croix pendeloque, en or ajouré et partiellement émaillé, du commencement du XVIIe siècle.

175 — Bague en or partiellement émaillé, à chaton présentant un petit bas-relief en ivoire : la Cène. Époque Louis XIII.

176 — Bague en or, présentant une bonne foi. Époque Louis XIII.

177 — Bague en or partiellement émaillé noir, à chaton enrichi d'une pierre rouge. Époque Louis XIII.

178 — Deux ferrets, présentant chacun une bonne foi. Émail et or enrichi de roses. Époque Louis XIII.

Long., 3 cent.

179 — Figurine-applique de femme richement vêtue en or, pavée de diamants et de rubis. Chapeau en argent pavé de diamants. Époque Louis XIII.

Haut., 4 cent.

180 — Médaillon émaillé sur les deux faces, présentant sur l'une, la Vierge vue en buste ; sur l'autre, le Christ. Cadre en or, enrichi de diamants. Époque Louis XIII.

Haut., 6 cent.

181 — Pendeloque peinte sur aventurine : porte-étendard en buste. Cadre en filigrane d'or. Époque Louis XIII.

Haut., 6 cent. 1/2 ; larg., 7 cent.

182 — PETITE BOITE ovale en cristal de roche, décor de cannelures, monture en or émaillé, camée agate sur le couvercle. Époque Louis XIII.

Larg., 5 cent.

183 — BAGUE en or à chaton formé d'un camée présentant un masque comique et placé entre deux petits rubis. Époque Louis XIII.

184 — BAGUE en or émaillé noir et blanc, simulant un serpent : chaton formé d'un petit flacon muni d'un bouchon. Époque Louis XIII.

185 — BAGUE en or, à chaton présentant le Calvaire, avec, au revers, le monogramme du Christ émaillé noir. Époque Louis XIII.

186 — BAGUE en or ajouré, à chaton émaillé formé de deux tourterelles et enrichi de pierreries. Époque Louis XIII.

187 — BAGUE en or partiellement émaillé noir, enrichie d'un diamant. Époque Louis XIII.

188 — BAGUE en or enrichie de nombreux petits médaillons émaillés, ornée de portraits de personnages. Époque Louis XIII.

189 — BAGUE en or partiellement émaillé, à décor de rinceaux en blanc sur fond noir, chaton enrichi d'une agate rubanée. Époque Louis XIII.

190 — BAGUE en or partiellement émaillé à petites feuilles et présentant un chaton rond enrichi d'une rose et de diamants tables. Époque Louis XIII.

191 — MONTRE ovale Louis XIII, à pourtour lobé en cristal de roche. Cadran et mouvement en cuivre signés : *Estienne Hubert, Rouen.*

Haut., 5 cent.

192 — AUTRE MONTRE octogone, en cuivre gravé à décor de rinceaux.

Haut., 5 cent.

193 — Montre ovale Louis XIII, en cuivre uni, cadran gravé à rinceaux et animaux.

Grand diam., 7 cent.

194 — Montre ovale Louis XIII en argent et cuivre gravés à rinceaux. Mouvement signé : *Richard Masterson*.

Grand diam., 6 cent.

195 — Bague en or partiellement émaillé à points blancs sur fond noir, enrichie de diamants tables. XVIIe siècle.

196 — Bague en or émaillé noir avec rinceaux réservés, chaton enrichi d'une plaque de cristal. XVIIe siècle.

197 — Bague en argent partiellement doré, présentant une cariatide d'enfant ailé et enrichie de roses. XVIIe siècle.

198 — Chapelet composé de petites perles reliées par des médaillons d'or avec monogrammes et croix pendeloque. XVIIe siècle.

199 — Croix pendeloque en lapis, montée en or avec traces d'émail et petites perles. XVIIe siècle.

200 — Deux pendants d'oreilles en or partiellement émaillé, simulant des oiseaux et enrichis de perles et de pierres de couleur. XVIIe siècle.

201 — Croix ouvrante en argent doré, présentant d'un côté le Christ crucifié ; de l'autre, saint Jacques sous un dais entouré de trois petits médaillons quadrilobés émaillés : l'un offrant un écusson armorié, les autres, des monogrammes. De petites perles complètent l'ornementation. XVIIe siècle.

202 — Petit reliquaire-pendeloque en argent et cristal, en forme de lanterne, contenant un petit groupe à sujets saints en bois sculpté. XVIIe siècle.

Haut., 4 cent.

203 — Paire de boucles d'oreilles en or ciselé, à surface couverte d'une multitude de fleurettes. XVIIe siècle.

204 — Bague en or à chaton formé d'un camée agate à sujet de combat contre des animaux. XVIIe siècle.

205 — Bague en or à chaton formé d'une pointe de diamant et partiellement émaillé noir. xviie siècle.

206 — Bague en or décorée de feuillages et à chaton simulant un cœur enrichi de rubis. xviie siècle.

207 — Très petite boite ovale en fer incrusté d'argent à personnages. Époque Louis XIV.

Larg., 2 cent.

208 — Bague en or partiellement émaillé noir, enrichie d'une pierre de couleur.

209 — Croix-pendeloque en or émaillé, à décor de très petits disques sur fonds blanc et vert alternés. Espagne, xviie siècle.

210 — Deux pendants d'oreilles en argent enrichis de pierres de couleur. xviiie siècle.

211 — Petit collier de l'ordre de la Toison d'or en or émaillé avec petites pièces d'enfilage en cristal de roche améthyste.

212 — Sept bagues variées.

213 — Bague en or à torsade, à chaton formé d'un scarabée égyptien.

214-215 — Huit bagues en or égyptiennes, byzantines, etc.

216 — Deux bagues variées en argent.

217 — Cinq bagues variées en bronze.

218 — Quatre bagues en fer à décors variés, dont une unie présentant un chaton formé d'une intaille à tête de femme.

FERS

219 — Petite porte de tabernacle en fer ajouré avec traces de peinture, décor de fenestrages gothiques. Fin du xve siècle.

Haut., 40 cent., larg., 36 cent.

220 — Plaque en fer ajouré à fenestrages gothiques surmontés d'un dais et flanqués de pinacles. Commencement du xvie siècle.

Haut., 39 cent., larg., 18 cent.

221 — Plaque en fer ajouré, à fenestrages gothiques avec pinacles et torsades de chaque côté. Commencement du xvie siècle.

Haut., 31 cent., larg., 10 cent.

222 — Statuette, dite Jacquemart, en fer, personnage coiffé d'un casque et portant l'armure complète et semblant provenir d'une horloge ; il tenait des deux mains un battant destiné à frapper sur une cloche. xvie siècle.

Haut., 17 cent.

223 — Tire-lire en fer, à décor d'arcades et de pinacles gothiques. xvie siècle.

Haut., 12 cent.

224 — Coffret à couvercle bombé en fer ajouré et gravé, à décor de feuillages, bordure à torsades. xvie siècle.

Haut., 17 cent., larg., 15 cent.

225 — Plaque rectangulaire en fer ciselé aux armes de Charles-Quint, entourées du collier de l'ordre de la Toison d'or et comprises entre les deux colonnes d'Hercule dont les bases présentent des inscriptions et sont réunies par une traverse portant la signature : *Salvador*. Fin du xvie siècle.

Haut., 27 cent., larg., 18 cent.

Vente Spitzer 1893

800 Boutet

226 — Coffret en fer damasquiné d'or et d'argent, à décor de petits paysages, au milieu de rinceaux. XVIIe siècle.

Haut., 10 cent.; larg., 12 cent.

1.020 Graat

227 — Grille d'imposte en fer, présentant au centre un jeune forgeron placé au milieu de rinceaux feuillagés. Époque Louis XIV.

Haut., 42 cent.; larg., 1 m. 20.

1.550 Fitz Henry

228 — Grille de chœur en fer, composée de rinceaux et de volutes encadrant des bustes et des mascarons. XVIIe siècle.

Haut., 1 mètre; larg., 2 m. 15.

360 Aubin

229 — Boite en fer ajouré, à décor de rinceaux avec incrustations de plaques de cristal. XVIIe siècle.

Long., 7 cent.; larg., 5 cent.

275 le même

230 — Boite octogone en fer repoussé, présentant une figure allégorique entourée de rinceaux ajourés. XVIIe siècle.

Long., 8 cent.; larg., 7 cent.

75

231 — Petite applique de forme ronde, en fer ajouré et repoussé, décorée d'une figure de Jupiter. XVIIe siècle.

Diam., 8 cent.

55

232 — Couronne de Vierge en fer. XVIIe siècle.

Haut., 7 cent.

233 — Coffret à couvercle bombé en fer repoussé, à décor de rinceaux et médaillons, contenant des bustes. XVIIe siècle.

Haut., 7 cent.; larg., 10 cent.

115 Aubin

234 — Support de fer à repasser du XVIIe siècle.

Long., 20 cent.

420 Chabert

235 — Deux montants en fer avec traces de dorure, décor de feuillages, bustes et volutes. XVIIe siècle.

Haut., 95 cent.; larg., 16 cent.

580 Bertaumieux

236 — Lutrin en fer, à décor de rinceaux. XVIIe siècle.

237 — Potence en fer, à décor de rinceaux, volutes, draperies et feuillages. xviie siècle.

Haut., 1 m. 15; larg., 1 m. 20.

238 — Christ en acier, dont les bras n'ont pas été montés. xviiie siècle.

Haut., 22 cent.

239 — Plaque en fer, couverte de motifs de style égyptien.

Haut., 9 cent.; larg., 10 cent.

SERRURES, CLÉS & ACCESSOIRES

240 — Grosse serrure en fer découpé et gravé, à décor de rinceaux et de moulures; elle est accompagnée de sa clé dont la tête présente une figure de sainte femme sous un dais, accosté de deux petites chimères. xvie siècle.

Largeur, 42 cent.; longueur de la clé, 2[illegible] cent.

241 — Serrure en fer, de forme architecturale, surmontée de deux figurines, ainsi que d'un écusson d'armoiries; elle présente un entablement orné d'un paysage animé, et sous lequel se dresse une figure de Jupiter. Fin du xvie siècle.

Haut., 21 cent.; larg., 14 cent.

242 — Serrure en fer ajouré et gravé, à décor de rinceaux, avec initiale surmontée d'une couronne. xviie siècle.

Long., 17 cent.

243 — Serrure en fer ajouré, dont l'entrée est dissimulée sous une arcade. xviie siècle.

Long., 17 cent.

244 — Clé à tête ronde, percée de motifs gothiques réguliers. Commencement du xvie siècle.

Long., 14 cent.

245 — Clé à tête ronde, percée d'une rosace gothique. Commencement du xvie siècle.

Long., 11 cent.

246 — Clé à tige balustre, interrompue par une rosace, panneton à peigne, XVIe siècle.

Long., 7 cent.

247 — Clé à tige balustre, interrompue par une rosace gothique et surmontée d'une figurine, panneton à peigne, XVIe siècle.

Long., 10 cent.

248 — Clé à tige en forme de balustre carré, ajouré à rosaces gothiques, panneton à peigne, XVIe siècle.

Long., 11 cent.

249 — Clé à tête ajourée, à motifs gothiques, avec bordure à cannelures, XVIe siècle.

Long., 15 cent.

250 — Clé à tige balustre, interrompue par une rosace, panneton à peigne. Fin du XVIe siècle.

Long., 10 cent.

251 — Clé à tête formée de deux chimères adossées, dressées sur un chapiteau feuillagé. Fin du XVIe siècle.

Long., 14 cent.

252 — Clé à poignée composée de deux volutes, surmontées de deux têtes chimériques. Fin du XVIe siècle.

Long., 14 cent.

253 — Clé à tête composée de deux chimères adossées et ailées, portées par un chapiteau composite; traces de dorure. Fin du XVIe siècle.

Long., 15 cent.

254 — Clé à tête ajourée, présentant un écusson accosté de deux oiseaux chimériques, XVIIe siècle.

Long., 13 cent.

255 — Clé à tête ajourée, présentant l'Agneau Pascal, XVIIe siècle.

Long., 12 cent.

256-258 — Vingt-quatre clés en bronze et fer de diverses époques. Seront divisées.

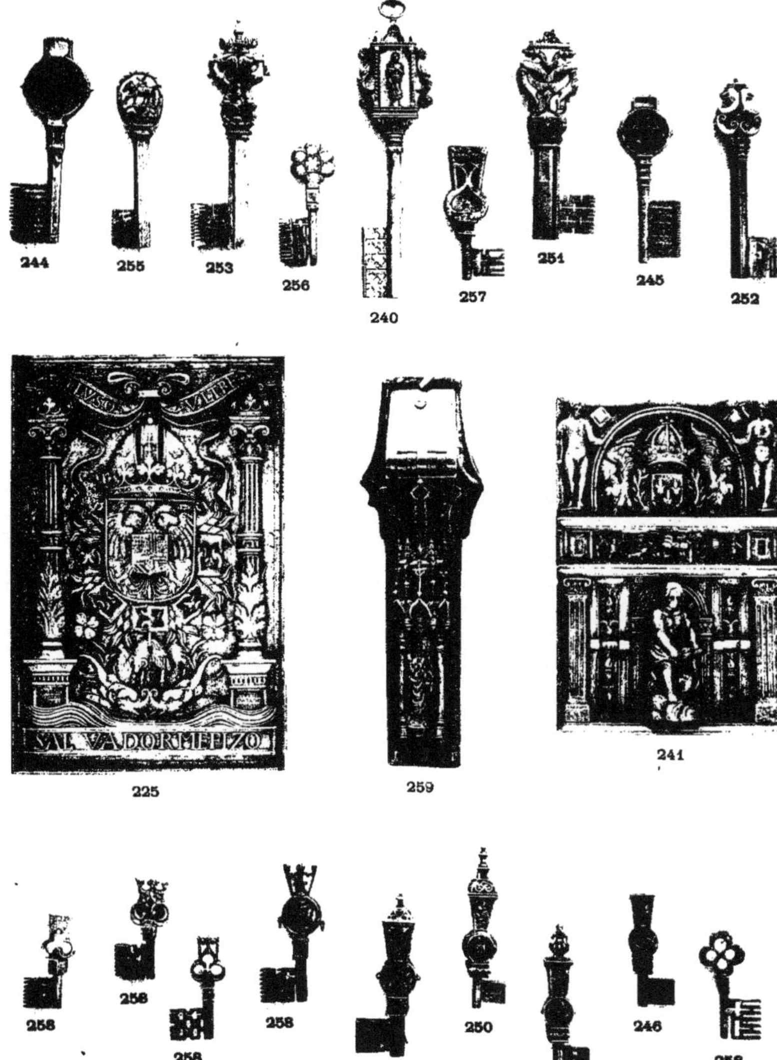
244
255
253
256
240
257
254
245
252
225
259
241
258
258
258
258
248
250
247
246
258

259 — Moraillon en fer ciselé, présentant, sous une niche gothique, la Vierge debout tenant l'Enfant Jésus. Commencement du XVIe siècle.

Haut., 22 cent.

260 — Plaque de serrure, munie d'un verrou en fer décorée et de fenestrages ajourés, bordures à torsades, XVIe siècle.

Haut., 10 cent.

261 — Marteau de porte en fer ajouré, à décor de fenestrages gothiques, pinacles et rosacés, XVIe siècle.

Haut., 27 cent.; larg., 15 cent.

262 — Heurtoir en fer, composé d'une poignée à feuillages se terminant par deux têtes de chiens séparées par un buste de femme. France, fin du XVIe siècle.

Haut., 23 cent.

263 — Verrou ajouré en fer, présentant l'initiale I, traversée par une couronne, XVIe siècle.

Haut., 11 cent.

264 — Verrou en fer, à l'initiale de François Ier, XVIe siècle.

Haut., 15 cent.

ARMES & ACCESSOIRES

265 — Épée à garde de fer ciselé et damasquiné d'argent, pommeau côtelé orné de fleurettes, fusée simulant l'osier; les quillons contournés sont également décorés de fleurettes, ainsi que les branches de garde, XVIe siècle.

Long., 1 m. 06

266 — Épée à garde de fer damasquiné d'argent, composée de deux longs quillons droits et de nombreuses branches de garde et de contre-garde, XVIe siècle.

Long., 1 m. 22

267 — Épée à garde de fer composée d'un pommeau surbaissé et de branches de garde unies interrompues par des nœuds ornés. Fin du XVIe siècle.

Long., 1 m. 08.

268 — Épée à poignée de fer ciselé et incrusté d'argent, à fleurettes, fusée en bois, lame repercée au talon. Fin du XVIe siècle.

Long., 1 mètre.

269 — Épée à poignée de fer ciselé, décorée de nombreux personnages combattant, lame repercée et cannelée. XVIIe siècle.

Long., 1 mètre.

270 — Rapière à corbeille ajourée, longs quillons droits, pommeau à côtes obliques et branche de garde interrompue par un nœud. Sur la lame, l'inscription : *Jacob Prach*. XVIIe siècle.

Long., 1 m. 15.

271 — Rapière à corbeille ajourée, longs quillons droits à torsades, branches de garde également à torsades, pommeau repercé. XVIIe siècle.

Long., 1 m. 15.

272 — Main-gauche à poignée de fer noirci et gravé, à décor de rinceaux, composée d'un pommeau, de deux longs quillons, d'une coquille ainsi que d'une fusée à torsades. XVIIe siècle.

Long., 47 cent.

273 — Lame d'épée en fer présentant sur les deux faces un calendrier gravé, ainsi que les signes du Zodiaque. Travail allemand. XVIIe siècle.

Long., 91 cent.

274 — Lame d'épée en fer, partiellement doré, à décor d'entrelacs, de figures et de trophées. Époque Régence.

Long., 1 m. 03

275 — Épée à poignée de fer ajouré, à décor de rinceaux. Époque Régence.

Long., 92 cent.

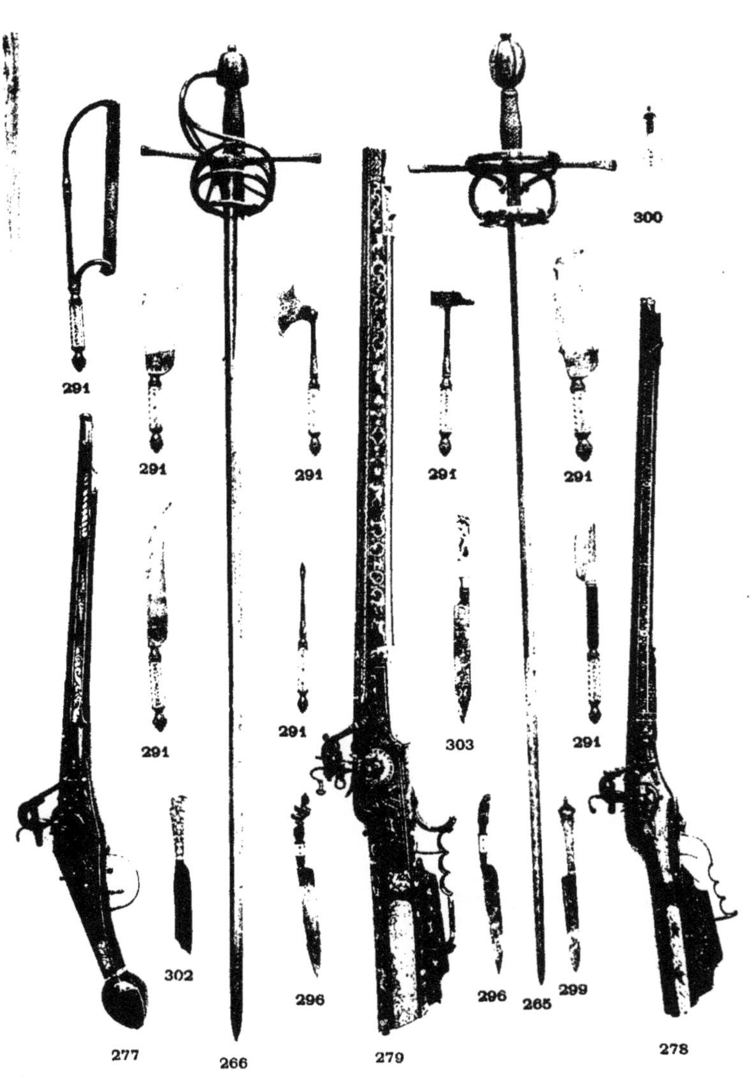
291
300
291
291
291
291
291
291
291
303
291
302
296
296
265
299
277
266
279
278

276 — Épée à deux mains, fusée revêtue de cuir, pommeau à côtes obliques, quillons recourbés réunis par des branches présentant des cannelures.

Long., 1 m. [illegible]

277 — Grand pistolet à rouet, fût de bois incrusté d'ivoire gravé, à décor d'animaux; canon et batterie de fer, à décor de rinceaux et de sujets de chasse sur fond doré. Allemagne, fin du xvie siècle.

Long., 76 cent.

278 — Arquebuse à rouet, fût de bois incrusté d'ivoire, à décor de rinceaux et d'animaux, canon décoré de torsades, batterie ciselée à feuillages et cariatides. Allemagne, fin du xvie siècle.

Long., [illegible] cent.

279 — Arquebuse à rouet, fût de bois incrusté d'ivoire gravé, orné d'animaux, de rinceaux et de personnages, canon et batterie de fer ciselé et partiellement doré, à décor de sujets de chasse et de feuillages. Allemagne, commencement du xviie siècle.

Long., [illegible]

280 — Armet en fer, partiellement doré, à décor de trophées d'armes, armoiries et motifs irréguliers; le mézail simule une tête chimérique. xvie siècle.

Haut., 27 cent.

281 — Armet en fer gravé et partiellement doré, à décor de bandes ornées d'entrelacs et de médaillons contenant des personnages. xvie siècle.

Haut., [illegible] cent.

282 — Pansière en fer gravé, à décor de rinceaux séparés par des rainures. xviie siècle.

Haut., 49 cent.

283 — Pommeau d'épée en fer damasquiné d'argent, formé d'entrelacs. xvie siècle.

Haut., 5 cent.

284 — Deux fragments de porte-épée en fer ajouré du xvie siècle.

Haut., 5 cent.

285 — PULVERIN de forme surbaissée, revêtu de cuir gaufré, à dessin de rinceaux et d'animaux. XVIe siècle.

Haut., 15 cent.

286 — DEUX CLEFS en fer ajouré. XVIIe siècle.

Haut., 15 cent.

287 — AMORÇOIR en forme de fruit gravé et peint, à sujet d'animaux et de feuillages. XVIIe siècle.

Haut., 11 cent.

288 — AMORÇOIR en forme de fruit gravé, à décor de figures mythologiques. XVIe siècle.

Haut., 16 cent.

289 — AMORÇOIR en fer partiellement doré, décoré de figures et de rinceaux. XVIIe siècle.

Haut., 8 cent.

290 — PETIT MORTIER en fer pour pièces d'artifice, présentant un écusson d'armoiries. XVIIe siècle.

Long., 8 cent.

USTENSILES DIVERS

291 — TROUSSE DE VENEUR composée de huit pièces : scie, marteau, hachette, lime, poinçon et trois couteaux à poignées plaquées d'os gravé avec garnitures de fer doré. Les lames sont ornées de rinceaux dorés également. XVIe siècle.

Longueur de la scie, [illegible] cent.

292 — COUTEAU pliant, à poignée de bronze. XVIe siècle.

Long., 16 cent.

293 — PETIT COUTEAU à poignée revêtue d'argent et présentant des monogrammes. XVIe siècle.

Long., 18 cent.

294 — Fourchette à deux dents en cuivre, présentant à la naissance du fourcheron un écusson d'armoiries. xvie siècle.

Long., 17 cent.

295 — Petit couteau à poignée de cuivre gravé se terminant par un écusson portant la date *1568* d'un côté et une armoirie de l'autre. xvie siècle.

Long., 19 cent.

296 — Deux couteaux à poignées de fer doré, plaquées de nacre et se terminant l'une par un lion portant un cartouche, l'autre par une chimère ailée. xvie siècle.

Haut., 22 cent.

297 — Petite cuiller en agate grise rubanée, à cuilleron relié au manche par une monture en or émaillé enrichie d'un rubis. Fin du xvie siècle.

Long., 7 cent.

298 — Couteau à poignée d'argent gravé, à figures allégoriques. Fin du xvie siècle.

Long., 22 cent.

299 — Petit couteau à poignée d'argent gravé, à figures allégoriques. Fin du xvie siècle.

Long., 17 cent.

300 — Cuiller en nacre, à poignée surmontée d'un buste de femme tenant un écusson en argent doré. Fin du xvie siècle.

Long., 14 cent.

301 — Compas en fer gravé à l'eau-forte. Fin du xvie siècle.

Long., 22 cent.

302 — Couteau à poignée d'or, partiellement émaillé, à motifs irréguliers, avec tête chimérique formant le motif d'amortissement. Sur la lame de fer, une inscription. Commencement du xviie siècle.

Long., 20 cent.

303 — COUTEAU à lame gravée à sujets saints, avec poignée d'ivoire présentant la Flagellation; dans un étui en cuir fauve gravé. Commencement du XVIIe siècle.

Long., 27 cent.

304 — COUTEAU à poignée de corne, présentant un groupe de personnages. Commencement du XVIIe siècle.

Haut., 17 cent.

305 — COUTEAU ET FOURCHETTE à poignée d'argent et émail à décor de fleurs. Commencement du XVIIe siècle.

Long., 16 cent.

306 — DEUX COUTEAUX à poignée de fer doré plaqué d'argent, extrémité du manche simulant un vase godronné. Commencement du XVIIe siècle.

Long., 26 cent.

307 — TREIZE COUTEAUX à poignée d'agate garnie d'argent; lame d'acier. XVIIe siècle.

Long., 25 cent.

308 — COUTEAU à poignée d'agate, décor de rinceaux à la naissance de la lame. XVIIe siècle.

Long., 23 cent.

309 — DEUX COUTEAUX à poignée de fer doré, plaqué de nacre; la poignée se termine par un chapiteau surmonté d'une pomme d'amortissement. XVIIe siècle.

Long., 27 cent.

310 — FLÉAU de balance, en fer partiellement doré, avec nom du fabricant. Travail anglais du XVIIe siècle.

Long., 57 cent.

311 — SCIE de veneur, à manche d'ivoire sculpté, terminé par une tête d'animal. XVIIe siècle.

Long., 56 cent.

312 — ÉTAU à main en fer, à décor de feuillages et mascarons. XVIIe siècle.

Long., 24 cent.

313 — Compas de charpentier, en bronze gravé avec la date *1752*. xviiie siècle.

Long., 73 cent.

314 — Paire de ciseaux en fer, de travail oriental.

Long., 18 cent.

MÉDAILLES & PLAQUETTES

315 — Médaille en bronze, à l'effigie d'Isotte de Rimini. Au revers, un éléphant et la date *1446*. Par Matteo de' Pasti. (Armand, *le Médailleur italien*, t. I, p. 21.)

Dial., 83 millim.

316 — Médaille en bronze, à l'effigie de Sigismond Pandolfe Malatesta; au revers, le château de Rimini, avec la date *1446*. Par Matteo de' Pasti. (Armand, *le Médailleur italien*, t. I, p. 20.)

Diam., 81 millim.

317 — Médaille en bronze doré, à l'effigie de Louis XII et d'Anne de Bretagne, avec la date *1499*. Travail de Nicolas et Jean de Saint-Priest, de Lyon.

Diam., 11 cent.

Vente Leroux (1896).

318 — Médaille en bronze, à l'effigie de Charles-Quint, avec légende et date *1537*; au revers, ses armes et sa devise.

Diam., 65 millim.

319 — Médaille en argent doré à l'effigie d'un personnage barbu, avec la date *1573*. xvie siècle.

Diam., 35 millim.

320 — Médaille en bronze, à l'effigie de Requesens, gouverneur des Pays-Bas († 1576): au revers, la bataille de Lépante. Par Anieus, Nord de l'Italie, xvie siècle. (Armand, *le Médailleur italien*, t. I, p. 261.)

Diam., 6 cent.

Vente Spitzer (1893).

321 — Médaille en bronze à l'effigie d'un prélat; au revers, ses armes. Fin du XVIe siècle.

Diam., 5 cent.

322 — Médaillon rond en bronze à l'effigie d'un pape. XVIIe siècle.

Diam., 10 cent.

323 — Médaille en bronze à l'effigie du marquis d'Effiat. XVIIe siècle.

Diam., 65 millim.

324 — Médaille en bronze à l'effigie de Marie de Médicis : au revers, un navire. XVIIe siècle.

Diam., 65 millim.

325 — Médaillon en bronze à l'effigie de Christine de Lorraine, grande duchesse de Toscane, par Dupré.

Diam., 9 cent.

Vente Spitzer (1893).

326 — Médaillon rond en bronze à l'effigie de Marie-Madeleine, archiduchesse d'Autriche.

Diam., 10 cent.

327 — Médaille en bronze à l'effigie du duc Georges de Saxe, avec ses armes au revers. XVIIe siècle.

Diam., 35 millim.

328 — Médaille en bronze doré à l'effigie de Philippe IV, roi d'Espagne : au revers : la Chute d'Apollon.

Diam., 55 millim.

329 — Médaillon rond en plomb à l'effigie de Philippe IV d'Espagne.

Diam., 55 millim.

330 — Médaille en bronze doré à l'effigie du pape Innocent XII, avec la date *1700*

Diam., 4 cent.

331 — Médaille en argent doré à l'effigie d'un personnage barbu, avec le buste de sa femme au revers. Travail allemand.

Diam., 35 millim.

332 — SEPT MÉDAILLES en argent présentant des effigies de papes de diverses époques.

333 — PLAQUETTE en bronze : le Christ de pitié. Flandres, XVe siècle.

Haut., 10 cent.; larg., 8 cent.

334 — PETIT MÉDAILLON rond en bronze présentant un sujet tiré de l'Histoire de saint Jean-Baptiste. France, fin du XVe siècle.

Diam., 4 cent.

335 — PETIT BAISER de paix en bronze doré, présentant la Vierge assise dans une niche, sur les côtés de laquelle se tiennent debout deux saints, par Moderno. XVIe siècle.

Haut., 11 cent.

336 — PLAQUETTE en bronze : Martyre de saint Sébastien, par Moderno. XVIe siècle.

Haut., 75 millim.; larg., 55 millim.

337 — PLAQUETTE en bronze : David, vainqueur de Goliath, par Moderno. XVIe siècle.

Haut., 65 millim.; larg., 55 millim.

338 — PLAQUETTE en bronze présentant le Calvaire, par Moderno. XVIe siècle.

Haut., 125 millim.; larg., 9 cent.

339 — PLAQUETTE en bronze présentant la Flagellation du Christ, par Moderno. XVIe siècle.

Haut., 13 cent.; larg., 10 cent.

340 — PETITE PLAQUETTE en bronze doré présentant, en buste, le Christ bénissant. Travail italien du XVIe siècle.

Haut., 5 cent.

341 — PLAQUETTE en bronze présentant des personnages dans une église. Italie. XVIe siècle.

Haut., 95 millim.; larg., 7 cent.

360 — Pied de cabinet en forme de lion, la patte appuyée sur une sphère; bronze doré. Travail italien du xvie siècle.

Haut., 7 cent.

361 — Coffre avec couvercle en cuivre gravé et damasquiné d'argent, à décor d'armoiries et d'arabesques. Travail vénitien du xvie siècle.

Diam., 13 cent.

362 — Ornement de proue de gondole vénitienne, en forme d'animal chimérique, tenant dans ses griffes un écusson d'armoiries. Bronze de travail vénitien du xvie siècle.

Haut., 50 cent.

363 — Petit seau à eau bénite en bronze, décoré de sujets de sainteté, ainsi que de caractères d'écriture, anse en fer. xvie siècle.

Haut., 9 cent.

364 — Petite cloche en métal de cloche, décorée de guirlandes, d'écussons armoriés, de médaillons à sujets saints, d'inscriptions, ainsi que de la date *1583*. xvie siècle.

Haut., 32 cent.

365 — Statuette équestre en bronze patiné : Marc Aurèle, d'après l'antique. Travail de la fin du xvie siècle.

Haut., 39 cent.

366 — Mortier en bronze, décoré de feuillages et de cannelures. Fin du xvie siècle.

Haut., 10 cent.

367 — Mortier en bronze à deux anses, décoré de rinceaux avec inscription. Fin du xvie siècle.

Haut., 13 cent.

368 — Deux statuettes en bronze patiné, représentant : l'une, une jeune paysanne debout, portant un panier et tenant un fruit de la main gauche; l'autre, un jeune seigneur, également debout, tenant de la main droite une paire de gants. Flandres, commencement du xviie siècle.

Haut., 20 cent.

De

La

Ge

G.
F.

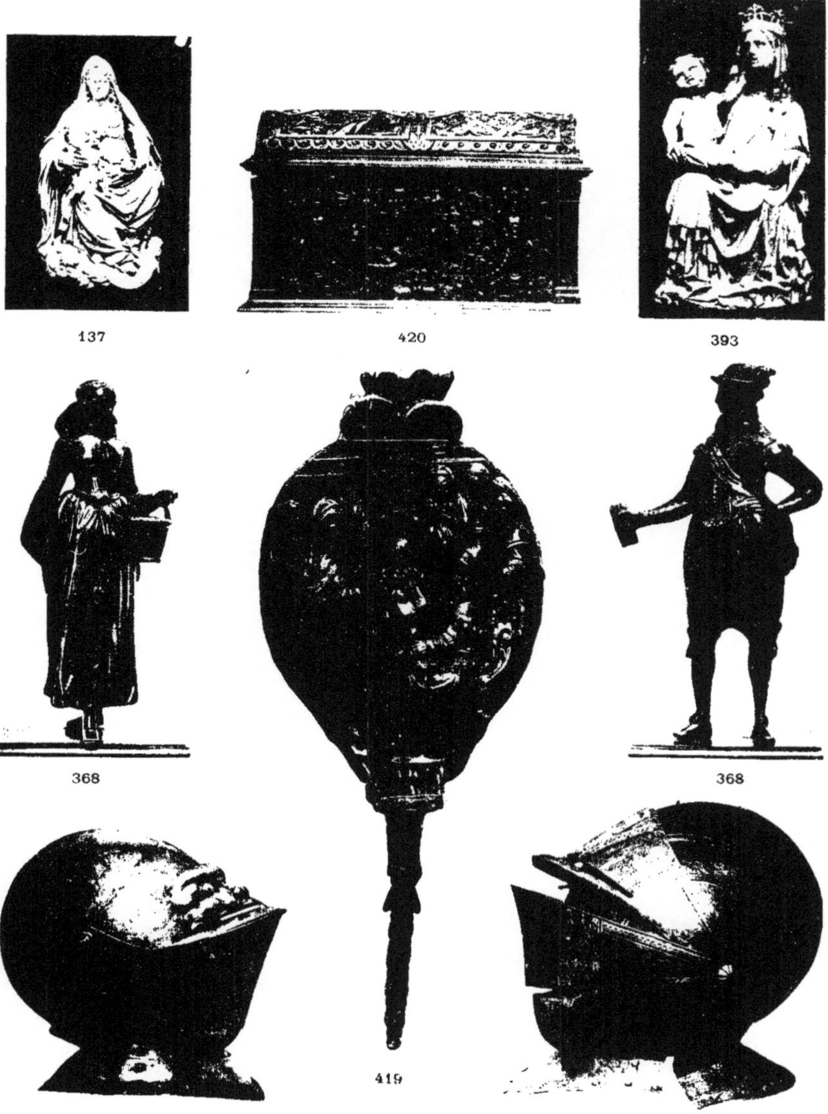

137 420 393

368 368

419

28[illegible] 281

369 — Deux landiers en forme de balustres, décorés de godrons et de cannelures, et surmontés de petits mascarons. Bases triangulaires, également ornées de mascarons. Bronze, xviie siècle.

Haut., 98 cent.

370 — Christ en bronze doré provenant d'une croix. xviie siècle.

Haut., 59 cent.

371 — Cheval et taureau debout en bronze patiné du xviie siècle.

Haut., 12 cent.

372 — Mortier en métal de cloche, décoré de mascarons, de figures allégoriques et de médaillons contenant des bustes. xviie siècle.

Haut., 1[illegible] cent.

373 — Sonnette en bronze doré, décorée d'une frise de rinceaux feuillagés et d'animaux.

Haut., 10 cent.

374 — Reliquaire en cuivre doré en forme de petit monument, surmonté d'une croix et percé de fenêtres, reposant sur un pied mouluré à base hexagonale. xvie siècle.

Haut., 50 cent.

375 — Plat en laiton, présentant sur l'ombilic un médaillon rond émaillé sur argent, décoré de deux écussons d'armoiries. xvie siècle.

Diam., 40 cent.

376 — Boite ovale, en cuivre partiellement émaillé. Travail espagnol de la fin du xvie siècle.

Larg., 6 cent.

377 — Coupe en laiton, décorée d'une frise de rinceaux et mascarons interrompus par un écusson d'armoiries. xviie siècle.

Larg., 27 cent.

378 — Bassinoire en cuivre repoussé, à décor de mascarons et feuillages. xviie siècle.

Diam., 23 cent.

379 — Aiguière à double déversoir, en ancienne dinanderie.

Haut., 35 cent.

380 — Chandelier en ancienne dinanderie, à tige moulurée.

Haut., 21 cent.

381 — Coquemar en ancienne dinanderie, muni d'une anse retenue par deux petits mascarons, et de deux déversoirs à têtes chimériques.

Long., 35 cent.

382 — Encensoir de forme architecturale, en ancienne dinanderie.

Haut., 32 cent.

383 — Seau à eau bénite, en ancienne dinanderie, à décor de moulures, muni d'une anse retenue par deux petits mascarons.

Haut., 23 cent.

384 — Instrument de mesure pour les liquides, en ancienne dinanderie, muni d'une anse.

Haut., 17 cent.

385 — Deux plats en dinanderie, décorés chacun d'un motif godronné au fond.

Diam., 44 cent.

386 — Plat en dinanderie, décoré de l'Agneau Pascal.

Diam., 43 cent.

387 — Encensoir en dinanderie, à couvercle percé de nombreuses ouvertures.

Haut., 17 cent.

388 — Bassin en cuivre gravé et partiellement verni noir, à décor d'inscriptions et de personnages. Ancien travail oriental.

Diam., 27 cent.

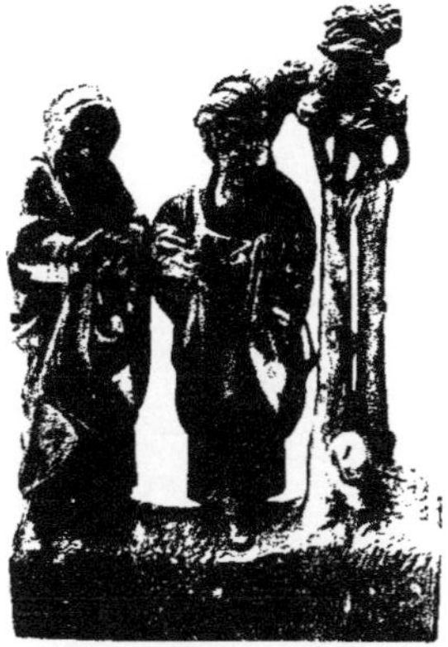

406

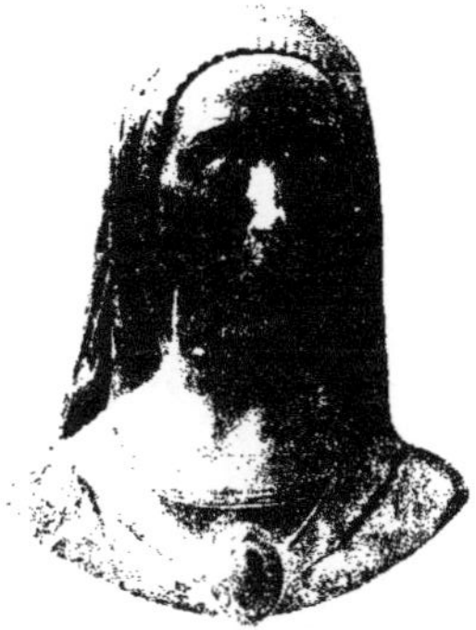

394

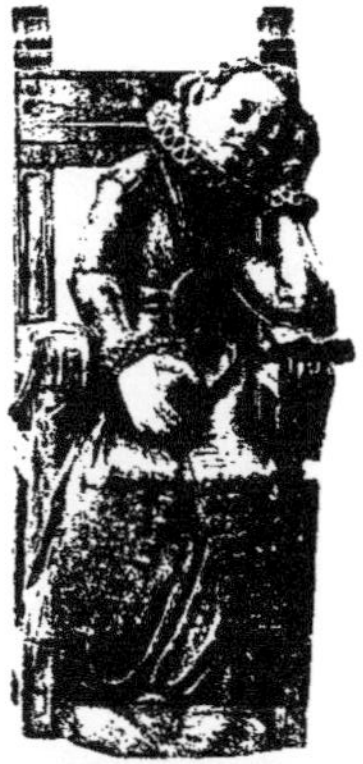

421

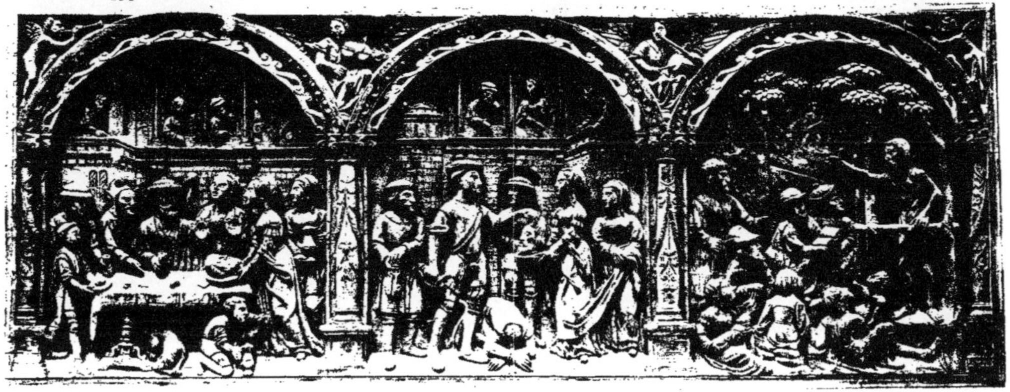

417

SCULPTURES

389 — Chapiteau en pierre sculptée, orné de personnages et d'animaux. Époque romane.

Haut., 25 cent.

390 — Chapiteau en pierre sculptée, orné de guerriers et de cavaliers. Époque romane.

Haut., 26 cent.

391 — Buste en marbre tendre blanc : le Christ, la tête inclinée sur l'épaule droite. xive siècle.

Haut., 19 cent.

392 — Statuette en pierre sculptée : saint Michel debout, portant l'armure complète et foulant aux pieds le démon. Travail français du xve siècle.

Haut., 80 cent.

393 — Petit groupe en marbre tendre blanc, représentant la Vierge assise, amplement drapée, coiffée d'une couronne et tenant sur les genoux l'Enfant Jésus nu et souriant. xve siècle.

Haut., 32 cent.

394 — Buste-applique en terre cuite peinte : jeune femme presque de face, la tête couverte d'un voile lui retombant sur les épaules, vêtue d'un corsage décolleté. Italie, fin du xve siècle.

Haut., 36 cent.

Vente Leclanché (1892).

395 — Tête en pierre sculptée : personnage portant les cheveux longs et coiffé d'une toque. Fin du xve siècle.

Haut., 20 cent.

396 — Statuette en pierre : saint Jacques le Majeur debout, portant les insignes du pèlerinage. xvie siècle.

Haut., 57 cent.

397 — Statue à mi-corps en terre cuite, représentant une sainte femme, la tête couverte d'un long voile, les yeux à demi clos, dans l'attitude de la prière ; traces de peinture. Travail italien du XVIe siècle.

Haut., 74 cent.

398 — Bas-relief en albâtre, sur fond de schiste, présentant un sujet allégorique à la Mort. XVIe siècle.

Larg., 17 cent.

399 — Groupe en granit composé d'un satyre lutinant une satyresse. Travail italien du XVIe siècle.

Haut., 80 cent.

400 — Statuette en pierre sculptée, représentant un pape assis et lisant dans un livre qu'il tient des deux mains. Fin du XVIe siècle.

Haut., 37 cent.

BOIS SCULPTÉS

401 — Buste en bois sculpté et peint : personnage portant les cheveux longs et vêtu d'une tunique rouge. Travail florentin de la fin du XVe siècle.

Haut., 54 cent.

402 — Statuette en bois sculpté, peint et doré, représentant saint Maurice debout, portant l'armure complète et armé d'une lance. Allemagne, fin du XVe siècle.

Haut., 75 cent.

403 — Statuette en bois sculpté avec traces de peinture : sainte femme debout, amplement drapée, les cheveux retombant en nattes sur les épaules. Flandres, commencement du XVIe siècle.

Haut., 83 cent.

404 — Haut-relief en bois sculpté : la Résurrection. Le Christ est représenté sortant du Sépulcre ; d'un côté, un ange assis sur l'extrémité de la tombe ; de l'autre côté, un guerrier endormi. Flandres, commencement du XVIe siècle.

Haut., 80 cent.; larg., 88 cent.

38
Grus P.

10

59
Berns

27
Wm

36
Lan

3.
Fern

1
D.

9
C. 6

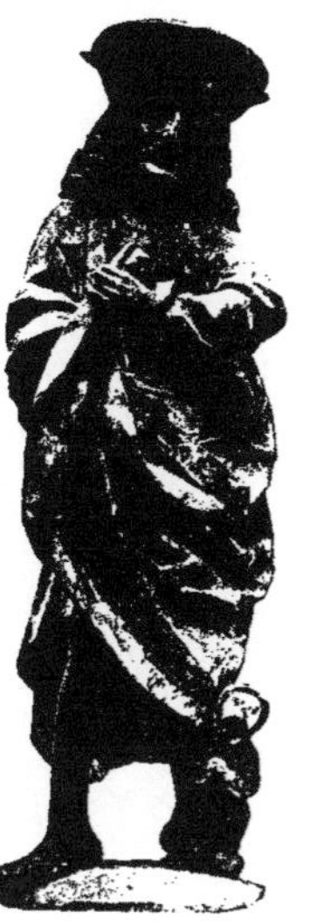

405

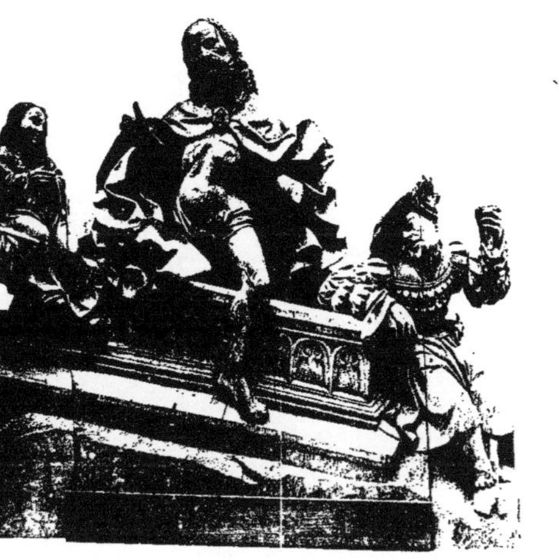

404

403

405 — Groupe en bois sculpté et peint, représentant saint Martin debout en train de couper son manteau : à ses pieds, le mendiant. Flandres, commencement du XVIe siècle.

Haut., 95 cent.

406 — Bas-relief sans fond, en bois sculpté, peint et doré : la Visitation ; la Vierge et sainte Élisabeth sont représentées debout, auprès de petits arbustes. Travail flamand du commencement du XVIe siècle.

Haut., 40 cent ; larg., 28 cent.

407 — Statuette-applique, en bois sculpté, peint et doré : sainte femme, richement vêtue, levant les bras, la tête inclinée dans l'attitude de la douleur. Travail flamand du commencement du XVIe siècle.

Haut., 59 cent.

408 — Statuette en bois sculpté représentant une sainte femme portant un riche costume, les cheveux retombant en longues nattes sur les épaules ; de la main gauche, elle tient un livre ouvert, ainsi qu'un chapelet. Travail flamand du commencement du XVIe siècle.

Haut., 80 cent.

409 — Statuette-applique en bois sculpté et peint représentant une sainte femme debout, richement vêtue et tenant de la main gauche un livre ouvert. Commencement du XVIe siècle.

Haut., 50 cent.

410 — Porte de meuble en bois sculpté, décorée de mascarons et de cariatides, ainsi que de guirlandes, d'aiguières et de rinceaux. Bordure à moulures et petites rosaces. Travail français du milieu du XVIe siècle.

Haut., 55 cent ; larg., 50 cent.

Vente Stein (1899).

411 — Montant en bois sculpté présentant un pape coiffé de la tiare, représenté nu et lié à une colonne ; il est debout sur un balustre feuillagé ; au-dessus de sa tête, un dais orné de clochetons. Flandres, XVIe siècle.

Haut., 1 m. 72.

412 — TÊTE en bois sculpté, petite nature, de jeune femme, les cheveux bouclés. Travail français du XVIe siècle.

Haut., 25 cent.

413 — GROUPE-APPLIQUE en bois sculpté et peint : *Piéta :* le Christ est étendu mort sur les genoux de la Vierge, saint Jean lui soutient la tête; de l'autre côté, sainte Madeleine lui prend la main. Au second plan, deux Saintes Femmes, saint Joseph d'Arimathie et un quatrième personnage. Allemagne, XVIe siècle.

Haut., 62 cent.; larg., 95 cent.

414 — BUSTE-APPLIQUE en bois sculpté, peint et doré : sainte femme coiffée d'un diadème, les cheveux nattés, la main gauche appuyée sur un livre et la main droite sur un démon. Allemagne, XVIe siècle.

Haut., 47 cent.

415 — COFFRET en bois sculpté, orné d'une figure d'angelot tenant un écusson. XVIe siècle.

Haut., 37 cent.

416 — SUPPORT-APPLIQUE en bois sculpté, décoré d'une statuette de personnage nu tenant une pierre, le pied droit appuyé sur un basilic simulant une gargouille; derrière lui, sur le fond de la pièce, un écusson armorié. XVIe siècle.

Haut., 38 cent.

417 — BAS-RELIEF en bois sculpté, présentant, sous trois arcades, des compositions tirées de l'histoire de saint Jean-Baptiste; entre les arcades, des anges faisant de la musique; fond de paysage et d'habitations. XVIe siècle

Haut., 46 cent.; larg., 1 m. 20.

418 — CHRIST en croix en bois sculpté. XVIe siècle.

Haut., 27 cent.; larg., 25 cent.

419 — SOUFFLET de foyer en bois sculpté, peint et doré, présentant sur les deux faces des bas-reliefs de la fin du XVIe siècle, à sujets tirés de la vie du Christ.

Long., 72 cent.

4·
Bin

39
L'abbé

7.6
Dr

9

1

4.
Bern

Ge
2.
Ber

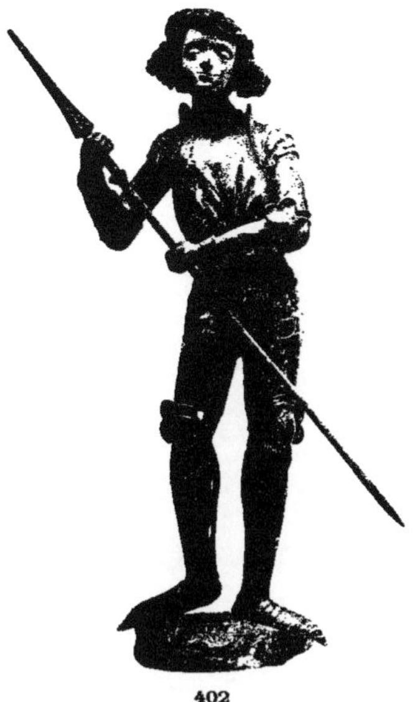

402

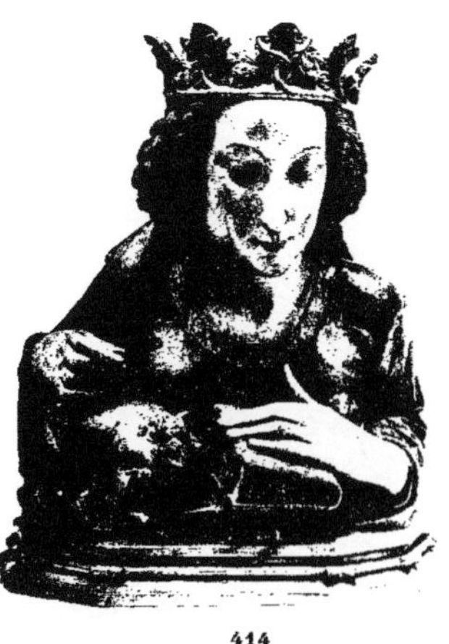

414

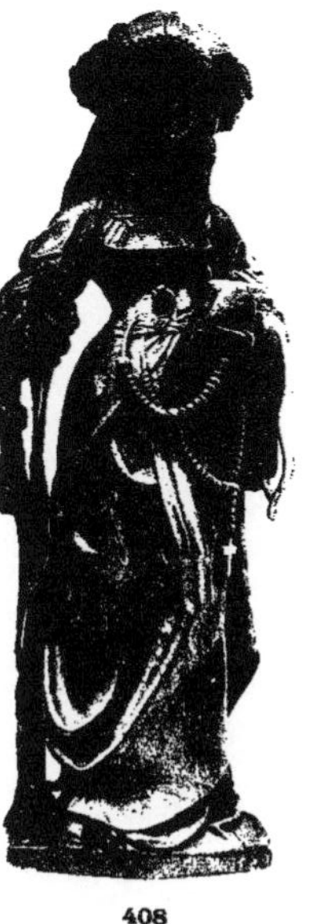

408

420 — Coffret en bois sculpté, décoré de figures allégoriques sur toutes les faces, ainsi que sur le couvercle bombé. Fin du xvie siècle.

Haut., 11 cent.; larg., 20 cent.

421 — Statuette en bois sculpté, peint et doré, représentant un enfant richement vêtu, portant une large fraise au cou, tenant une sphère et endormi dans un fauteuil à haut dossier. Travail espagnol de la fin du xvie siècle.

Haut., 38 cent.

422 — Figurine en bois sculpté : moine debout. xviie siècle.

Haut., 6 cent.

423 — Petite croix en bois sculpté, présentant les emblèmes de la Passion. xviie siècle.

Haut., 6 cent.

424 — Affiquet en bois sculpté, décoré d'un groupe. xviie siècle.

Long., 28 cent.

425 — Croix en bois sculpté, avec Christ en buis. xviie siècle.

Long., 55 cent.

426 — Statuette d'écorché, en bois sculpté, du xviie siècle.

Haut., 55 cent.

MEUBLES

427 — Dressoir en bois sculpté, contenant deux tiroirs et fermant à une porte. Cette porte est ornée d'un mascaron et de feuillages. Le reste de la décoration consiste en moulures. Travail français du xvie siècle.

Haut., 1 m. 58; larg., 93 cent.

428 — Table en bois sculpté, de forme rectangulaire et à volets, reposant sur six pieds à balustres feuillagés, reliés par une traverse et par deux patins moulurés. Travail français, en partie du xvie siècle.

Larg., 1 m. 54.

429 — TABLE rectangulaire, en bois sculpté et marqueterie de bois de couleurs, avec incrustations de pâte, décor de petits rinceaux feuillagés, piètement à sept colonnettes, reliées par des traverses. Fin du XVIe siècle.

Larg., 1 m. 40.

430 — TABLE rectangulaire à volets, piètement à sept balustres, reliés par des traverses. Fin du XVIe siècle.

Long., 1 m. 48; larg., 73 cent.

431 — TABLE rectangulaire en bois sculpté, piètement à arcades et colonnettes reliées par des traverses. En partie du commencement du XVIe siècle.

Larg., 1 m. 30.

432 — TABLE rectangulaire à volets en bois sculpté, piètement à balustres feuillagés et arcades, avec patins à volutes reliés par une traverse. En partie du temps de Louis XIII.

Long., 1 m. 45; larg., 76 cent.

433 — GLACE dans un cadre en ébène guillochée. XVIIe siècle.

Haut., 87 cent.; larg., 78 cent.

434 — GLACE octogone dans un cadre en bois sculpté et doré, à décor de fleurs et feuillages. Fin du XVIIe siècle.

Haut., 72 cent.; larg., 66 cent.

435 — TABLE rectangulaire à volets en bois sculpté, piètement à arcades supportées par sept colonnettes cannelées à chapiteaux feuillagés.

Long., 1 m. 33; larg., 74 cent.

1.
Jalon

1.
1. m

4
Bern

4

9

10
Bernh

1.1
Sem

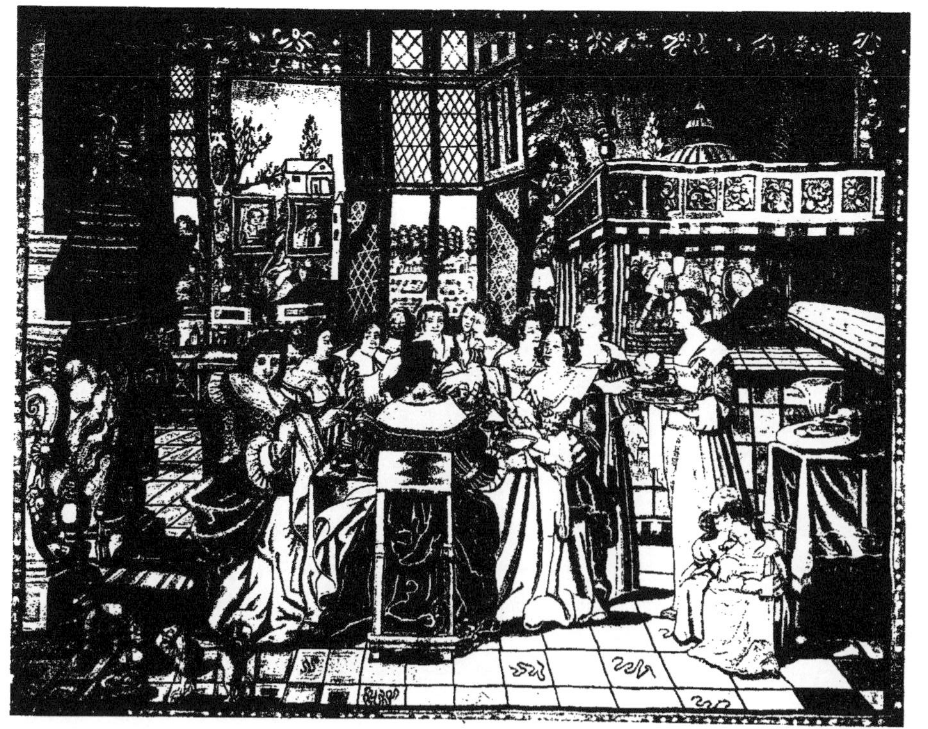

TAPISSERIES AU POINT

TAPISSERIES, TAPIS

436 — Bandeau en deux parties, en tapisserie au point du temps de Henri IV, présentant de nombreux personnages richement vêtus, dans un paysage orné de pièces d'eau, de rivières, de cascades, etc. De nombreux cygnes et canards sillonnent ces pièces d'eau.

Haut., [illegible] cent.; larg., 2 mètres et [illegible]

437 — Bandeau en tapisserie au point du commencement du xviie siècle, présentant des figures allégoriques et des anges dans un paysage avec habitations.

Haut., [illegible] cent.; larg., [illegible]

438 — Tapisserie flamande de la fin du xve siècle : combat tiré de la Bible, et composé de nombreux personnages richement armés et vêtus.

Haut., [illegible]; larg., [illegible] 6[illegible]

439 — Tapisserie rectangulaire du temps de Louis XIII, présentant de nombreuses femmes occupées à festoyer dans une chambre à coucher richement meublée ; à travers la fenêtre ouverte, on aperçoit la campagne. Sur les murs, des tapisseries, des tableaux. Au premier plan, des enfants et des chiens. Composition d'après Abraham Bosse.

Haut., 2 m. [illegible]; larg., [illegible]

440 — Tapisserie rectangulaire, du temps de Louis XIII, d'après Abraham Bosse : la toilette d'une dame de qualité.

Haut., 2 m. [illegible]; larg., 2 m. [illegible]

441 — Tapis à dessin de fleurs sur fond rouge, bordure verte à palmettes. Ancien travail oriental.

Haut., 2 m. [illegible]; larg., 2 mètres

VITRINES

160 — 142 VITRINE de milieu, en fer, sur base en bois.

Haut., [illegible] cent.; larg., 1 m. 45; prof., 59 cent.

250 — 143 VITRINE de milieu, à monture de fer, fermeture à coulisse.

Haut., 1 m. 10; larg., 1 m. 37; prof., 72 cent.

250 — 144 VITRINE plate, à monture de fer.

Haut., 22 cent.; larg., 1 m. 05; prof., 57 cent.

285 — 145 VITRINE plate, à monture de fer.

Haut., 22 cent.; long., 1 m. 50; larg., 69 cent.

200 — 146 VITRINE plate, à monture de fer.

Larg., [illegible] m. 42; haut., 22 cent.; prof., 72 cent.

150 — 147 VITRINE plate, à monture de bois noir.

Haut., 22 cent.; larg., 1 m. 50; prof. 51 cent.

350 — 148 GRAND MEUBLE à deux corps, servant de vitrine.

Haut., 3 m. 05; larg., 2 m. 05.

Produit 393.069 francs

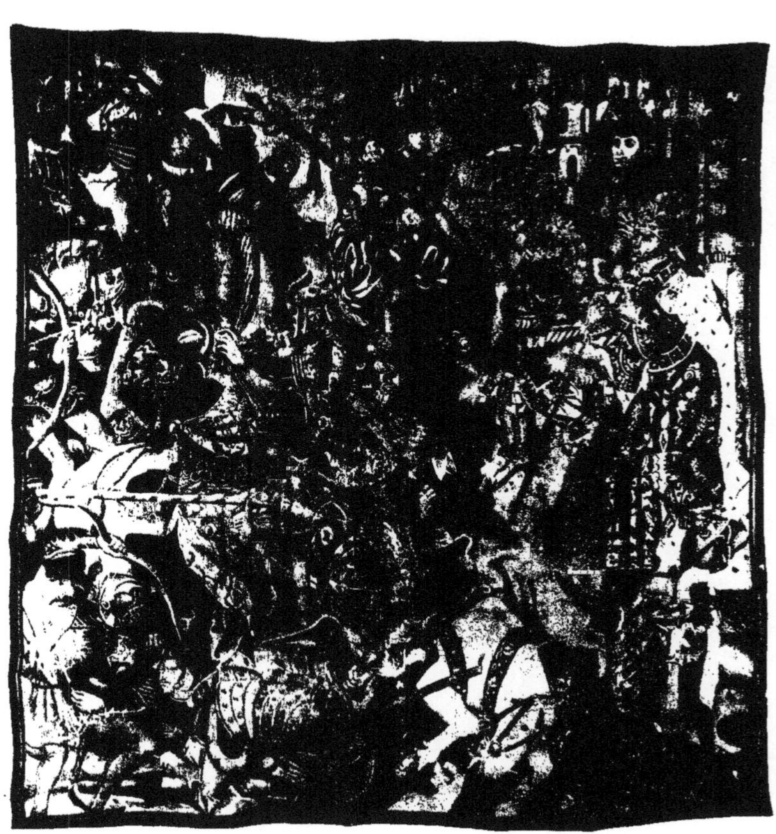

www.ingramcontent.com/pod-product-compliance
Ingram Content Group UK Ltd.
Pitfield, Milton Keynes, MK11 3LW, UK
UKHW021308190726
13839UKWH00007B/527

9 782329 488387